미타행자의 염불수행 이야기

본연 스님이
들려주는
수행과
인연법 이야기

미타행자의
염불수행 이야기

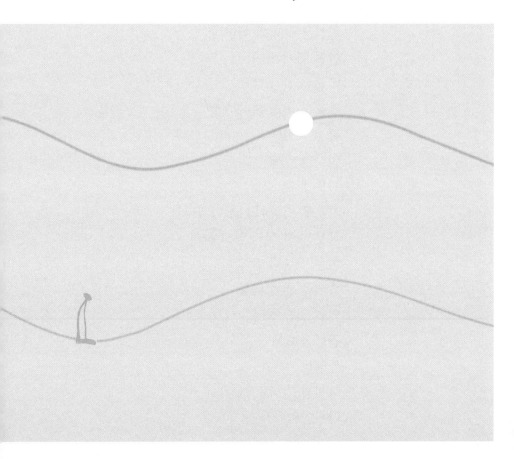

담앤북스

미타행자의
염불수행이야기

차 례

1장 　　　나무아미타불은 복 짓는 소리입니다

나무아미타불은
복 짓는
소리입니다

잡풀은 씨앗 맺기 전에 제거하고
악업은 일찍 제거하라.
중생은 결과를 두려워하지만
보살은 원인을 두려워한다.

신심은 공덕의 어머니

부처님 가르침을 공부하다 보면 신심이 조금 약해질 때가 있습니다.

"신심은 모든 공덕의 어머니"라고 경전에서 말하고 있습니다. 그러나 신심이란 것은 가르친다고 생기는 것이 아닙니다. 그렇기에 출가사문도 수행하다가 신심이 많이 부족해지면 최악의 경우 다시 세속으로 돌아가는 것입니다. 그리고 신심이 뒷받침되지 않으면 그렁저렁 세월만 보내고 마는 것입니다.

출가사문이든 재가불자이든 부처님 가르침을 공부할 적에는 신심보다 원력을 먼저 세워야 합니다. 신심도 중요하지만, 크나큰 서원의 힘이 아니고는 고독하고 힘든 길을 버텨 낼 수가 없습니다.

그래서 가장 먼저 원력을 세워야 합니다. "나의 수행으로 일체중생을 이익 되게 하겠다."는 이 원력이 가장 인간적인 원력입니다. 이런 원력이 굳건하다면 설사 신심이 약해지더라도 그리 크게 흔들리지 않습니다.

저도 가끔 신심이 약해질 적이 있습니다. 그럴 때는 경전을 다시 읽고, 옛 어른스님들의 수행담이 기록된 책도 봅니다. 그리고 힘들다는 생각이 들면 조금 쉬기도 합니다.

그리고 매일 숙제 삼아 하는 "나무아미타불" 염불수행은 신심을 키우는 데 많은 도움이 됩니다. 짧은 시간이라도 날마다 한 가지 수행을 꾸준히 해보십시오. 그러면 그것이 밑천이 되어 큰일을 이루게 될 것입니다.

인연 짓게 하라

초심 시절 경상도의 어느 절에서 기도하면서 보낸 적이 있습니다. 그때 같은 절에 있던 소임자가 거짓말을 밥 먹듯 하는 걸 보고 힘들었습니다. 초심 시절이라 정의감이 불타오르고 분노하는 마음이 일어났지만 법당에서 염불을 하고 나오면 모두 용서가 되곤 했습니다. 그래서 그 덕분에 절에서 잘 회향하고 나올 적에는 그 소임자에게 덕담도 건네고 동안거에 보태라고 보시까지 하고 나왔습니다.

염불을 하든 좌선을 하든 혹은 절 수행을 하든지 간에 정진을 하면 마음이 즐겁고 부드러워지면서 용서하는 마음이 일어나고 자비심이 절로 우러나는 것이 정상입니다. 그러나 현실은 그렇지만은 않습니다. 어떤 분은 기도하다가 속에서 울컥 하고 올라오기에 목탁을 그대로 내려놓고 가사장삼 벗고

차를 타고 나가 한 바퀴 돌고 들어왔답니다. 그렇게 하니까 속이 풀어져서 기도는 그것으로 회향하였다고 합니다.

흔히들 업이 두텁다고 하는데, 이 말은 숙연이 있고 없음을 가리키는 말입니다. 법당에 들어와 부처님 전에 삼배만 올려도 숙세의 인연이 있는 것인데, 부처님 명호까지 칭념한다면 그것은 대단한 인연입니다. 흔히 하는 말로 수행 중에 염불수행이 가장 쉽다고들 하지만 현실적으로는 인연 없는 중생에게 부처님 명호를 칭념하게 하는 것이 가장 어려운 수행이 될 수 있는 것입니다.

청화 큰스님께서도 말년에는 "인연 짓게 해준다."는 말씀을 많이 하셨다고 합니다. 인연 없는 중생에게 인연 짓게 해주고, 실낱같은 인연을 두텁게 하는 것이 출가사문의 일입니다. 얼마나 투정이 많겠습니까? 저도 업이 녹록치 않기에 "나무아미타불" 염불을 한다고 하지만 실상은 나 자신을 달래가며 정진한다고 생각합니다. 투정 부리는 몸뚱이와 마음을 달래가면서 먼 길을 가고 있는 것입니다. 그러나 천천히 뚜벅뚜벅 간다면 반드시 극락세계로 갈 것입니다.

발심 정진

새벽 정진은 발심發心 정진입니다.
일찍 일어나 오늘 하루 여법하게
보내겠다 발원하고 정진합니다.

다리를 포개고 허리를 곧추세워 앉아
들숨과 날숨을 하며 발심 서원합니다.
"일체중생의 모든 고통을 다 거두어 주겠습니다."

이 발심과 환희에 찬 마음으로
기도하고 공양하며 울력하며
하루 일과를 보내는 것입니다.

잠자기 전 정진은 회향 정진입니다.
하루 동안 부족한 나를 돌아보며 참회하며
공덕이 있다면 일체중생에게 돌리고자 합니다.

다리를 포개고 허리를 곧추세워 앉아
또렷이 마음에 새기면서
"나무아미타불"을 염송합니다.

하루의 발심과 회향이
작은 물방울이 모여 큰 강이 되듯
한 철, 일 년, 십 년… 남은 생을
발심과 회향으로 보내는 것입니다

이 목숨이 다할 때 "나무아미타불" 염송하며
회향하는 마음으로 떠나고
다음 사바세계 돌아올 적에
발심으로 돌아오기를 서원합니다.

잡풀은 미리 뽑아야 한다

요즘 도량은 잡풀과 한판 싸움을 벌이고 있습니다. 비도 적당히 오니, 잡풀을 뽑아도 돌아서면 자라고 돌아서면 자랍니다. 잡풀들이 신이 났습니다. 도량 위쪽에 있는 나무농장에 가서 이런 얘기를 하니, 농장 주인장 하는 말이 "풀씨는 한 번 떨어지면 몇 년이 지나도 나옵니다." 하더군요. 그동안의 경험에서 나온 말이지만, 과학적으로 타당한 말입니다. 연못에서 발굴한 2,000년 된 연꽃 씨앗을 발아시켰다는 신문기사를 본적 있습니다.

농장 주인장은 평범하게 말했지만, 듣는 저는 또 불교적인 관점에서 해석하게 됩니다. 한 번 지은 업은 금생이 아니면 다음 생이라도 반드시 나타난다는 것입니다.

신도분들에게서 기도도 열심히 하고 절에 보시도 했는데,

왜 이런 일이 생기는가 하는 원망을 들은 적 있습니다. 그러나 금생만, 현재만 생각하면 이해가 안 되지만 우리는 과거와 현재는 물론이고 다음 생도 살고 있습니다. 전생의 삶이 현생을 만들고, 현생의 삶이 내생을 만들지요. 선업이든 악업이든 한 번 지은 업은 금생이 아니면 다음 생에라도 그 과보를 받습니다. 지금 현재의 삶은 자신이 전혀 기억하지 못하더라도 깊은 의식 속에 있는 과거생의 업입니다.

개를 즐겨 잡아먹던 성직자가 결국은 교통사고로 급사했다는 이야기도 있습니다. 인과囚果는 보편타당한 우주의 법칙입니다. 생명 있는 모든 존재는 인과에서 결코 벗어나지 못합니다. 경전에도 부처님이 일주일 동안 두통을 앓으신 것은 먼 과거생에 물고기 머리를 툭툭 친 과보라는 이야기가 나옵니다. 그렇기에 한 번이라도 부처님의 무량공덕을 찬탄하고, "나무아미타불"이나 "관세음보살"을 염송하는 것은 모두 선업을 짓는 일입니다. 당장은 아니더라도 언젠가는 즐거운 과보를 얻게 될 것입니다.

농사짓듯이 마음의 잡풀을 제거하고 선업을 키우는 방법이 늘 부처님 명호를 칭념하는 것입니다. 부처님 명호를 칭념하는 것은 부처님의 무량공덕을 찬탄하는 것이며 무량공덕을 쌓는 선업을 짓는 일입니다.

농사 전문가가 조언합니다. 잡풀이 씨앗을 맺기 전에 제거하라고, 그래야 밭에 풀이 덜 난다고요. 옛 큰스님네들도 말씀하십니다. 악업은 일찍 제거하라고, 중생은 결과를 두려워하지만 보살은 원인을 두려워한다고요.

복 짓는 일

부처님 명호를 칭념하는 것은
복을 짓는 일입니다.
입으로 복을 짓는 일입니다.

부처님을 마음으로 새기는 일은
마음으로 복을 짓는 일입니다
부처님 같은 마음과 몸으로 베풂은
몸으로 복을 짓는 일입니다.

하루 잠시라도 입으로 마음으로 몸으로
복을 지어간다면
늙음과 죽음도 두렵지 않을 것입니다.

진실한 수행

　성륜사에서 지낼 적에 도반스님과 꽃나무 심는 울력을 하는데 대여섯 살 정도 될 듯한 어린 동자님이 "스님! 스님!" 하고 부르며 따라다니며 정겹게 놀았습니다. 그 모습이 귀여워 지켜보다가 지나가는 말로 "애야, 너 스님 되고 싶은 마음 없니?" 하고 물었는데 대답이 없었습니다. 못 들었나 싶어 다시 물었더니 옆에서 지켜보던 아이 아빠가 거들며 "○○아, 스님 된다고 하면 아빠가 많이 도와줄게." 하고 말했습니다. 그러자 아이가 "아빠나 해." 하고 바로 도끼를 날리더군요.

　자성원에서 지낼 적에 엄마 따라 온 사내아이가 있었는데 초등학교 병설 유치원에 다닌다고 했으니 아마 여섯 살쯤 되었겠지요. 보살님도 절에 다니는 분은 아니었고, 길을 가다가 이름 보고 찾아왔다고 하고, 아이도 엄마 따라 처음으로 절에

왔다고 합니다. 그런데 어디서 들었는지 "부처님! 부처님!" 하면서 정겹게 말을 합니다. 저도 아이가 하도 신통해서 "동자님, 스님 되고 싶은 마음 없어?" 하고 물었습니다. 이 동자님이 "스님은 장가 안 가잖아요. 나는 장가가야 하는데."라며 웃더군요. 아이 엄마가 오늘 절에 처음 온 아이가 스님이 결혼 안 하는 것은 어떻게 알았는지 모르겠다면서 신기해했습니다. 사바세계에 온 지는 5~6년밖에 안 되었어도 다겁생의 정보가 깊은 의식 속에 다 저장이 되어 있어 아는 것입니다. 전생부터 스님을 좋아했지만 출가수행자의 길이 힘들다는 것을 이미 전생에 알고 있는 데다가 직감적으로 순수한 나이라 거침없이 바로 말이 나온 것입니다.

심리학자들도 깊은 의식, 즉 잠재의식은 이미 다 알고 있다고 합니다. 그리고 잠재의식이 우리의 삶을 지배한다고 합니다. 심리학에서 말하는 잠재의식이 유식唯識에서는 일곱 번째 마음 제7 말라식을 말하는 것이고, 더 깊이는 윤회의 주체인 제8 종자식種子識 아뢰야식이 있습니다. 우리 목숨이 다할 적에도 다음 생에 악도惡道에 떨어질 사람은 깊은 의식 속에서 이를 알고 거부반응이 일어나 사바세계에 끝까지 남으려고 목숨을 구걸합니다. 반대로 다음 생에 선도善道에 갈 사람은 깊은 의식에서 거부반응이 없기에 순順하게 가는 것입니다.

이름은 잊었지만 유럽에 유명한 자연주의자가 있었는데, 이분이 남긴 유언 열 가지 가운데 기억나는 것이 "목숨이 다할 적에 모든 의료 행위를 거부한다."는 것과 자신이 죽으면 "작업복 차림으로 관에 넣어 달라."는 것이었습니다. 이분은 농사짓고 채식하며 살았는데 90이 넘어 세상을 떠날 적에 유언대로 다 이루었다고 합니다.

연명을 위한 모든 의료행위를 거부해도 죽게 되고, 온갖 치료를 다해도 결국엔 죽게 됩니다. 죽음 앞에서는 포장된 이름과 진실하지 않은 수행은 거품처럼 사그라들게 됩니다. 죽음 앞에서는 다만 다음 생을 향해 가는 길에 자신이 있느냐 없느냐의 차이가 있을 뿐입니다.

수행자의 가장 큰 덕목은 정직입니다. 정직은 자신을 살펴보고 자신을 속이지 않는 것입니다. 어떤 수행을 하든 저 깊은 의식까지 정화를 해야 말과 행동이 일치하게 될 것입니다. 자신의 말과 행동이 일치하는 않는다면 아직 수행이 제대로 된 것이 아닙니다. 이 세상 버리고 떠날 적에는 자신 있게 "목숨이 다할 적에 모든 의료행위를 거부한다."고 말할 수 있을 정도로 '진실한 수행'을 해야 합니다. 염불행자의 '정성스런 나무아미타불'이 여러분이 사바세계를 떠날 적에 즐겁게 해줄 것입니다.

천도재

예전에 안거는 선방에서 나고 산철에는 기도하며 산 적이 있었습니다. 그때 하안거를 끝내고 호남의 어느 한적한 절에 가서 지냈습니다. 그 절의 주지스님은 본사에 소임을 맡아서 아침 공양 후 본사로 가시고 공양주보살님이 혼자 절을 지키는데, 제가 가서 늘 하듯이 삼분정근하면서 오후에는 마당의 풀을 뽑으며 지냈습니다. 백제시대에 창건한 절이라고 하지만 호남의 절들이 대부분 그렇듯이 한적했습니다.

동안거가 다가와 광륜사로 가서 청화 큰스님께 인사드리고 며칠 머물다가 결제 들어가야겠다고 생각하고 회향 날짜를 정했습니다. 하지만 산철이라 딱히 백일기도도 아니고 49일 기도도 아니었지요. 어느덧 기도 끝날 때가 되니 매일 저녁 꿈에 영가들이 나타나 밥을 달라고 하는 것이었습니다.

그래서 천도재 한 번 베풀고 가야겠다 싶어 공양주보살님에게 "보살님, 회향하는 날 상 한 번 차려주세요." 하고 부탁했습니다. 그러자 보살님이 "스님이 기도만 잘 하고 가시면 됐지 무슨 상입니까?" 하며 단번에 잘라버리더군요. 생각해보니, 빈궁한 절 살림에 공양주 혼자 상 차리기도 힘들 것이고, 영가가 꿈에 보인다는 소리를 하면 이상하게 볼 듯도 했습니다. 그래서 "마지라도 잘 올려주세요." 하고 부탁한 뒤에 기도를 끝내고 서울 광륜사로 왔습니다.

그런데 올라오는 날부터 감기에 걸려 엉망이 되었습니다. 병원에 다녀도 신통치 않고, 약봉지를 들고 선방에 앉아 있는데 콧물이 계속 주르륵 흘렀습니다. 가만히 앉아 생각해보니 약으로는 해결될 일이 아니다 싶었지요. 그래서 마음속으로 "영가들아, 내가 죽비 놓으면 한 상 잘 차려주마." 하고 약속하고 나니 감기가 나았습니다.

동안거 죽비 놓을 때가 3일 뒤로 다가오길래 원주스님에게 천도재 상 좀 차려달라고 부탁하니 흔쾌히 승낙하셨습니다. 선방스님이 죽비 놓으면 천도재를 지낸다는 얘기가 돌았나 봅니다. 신도님들도 위패를 올리고 선방에서 같이 정진하던 스님들도 위패를 올렸습니다. 지금 기억하기로는 대략 80만 원 정도 모여서 해제 공양금으로 돌리고, 도량에서 기도스님을 법주로 모시고 저는 바라지를 하고 위패에는 '일체 유주 무주 고혼영가'라고 써서 올렸습니다.

도량이 모두 흡족하게 회향하고 나서 해제 전날 선원장스님께 인사를 드리러 갔습니다. 스님께서는 "본연 수좌, 소임 보느라 고생했소." 하시며 봉투 하나를 주셨습니다. 생각지도 않은 봉투를 받아 나중에 열어보니 30만 원이 들어 있었습니다. 제가 원주스님께 천도재 재물 값으로 드린 금액이 30만 원이었는데 말입니다. 몇 번 경험한 일이지만, 영가는 절대로 공짜 밥 안 얻어먹는다는 생각이 들었습니다. 그리고 제가 공부한 것이 있다면 영가들에게도 회향해야 한다는 생각도 들었습니다.

일반적으로 하안거 끝나는 날이면 선원이 있는 절에서는 사시에 선방스님들이 참석해서 합동 천도재를 지내곤 합니다. 그때 선방스님들 가운데 바쁘다는 이유로 참석하지 않고 일찍 가시는 분도 더러 있지만 다 박복하게 사는 것이지요. 저는 꼭 천도재에 참석해서 함께 축원하고 절에서 점심 공양도 하고 나오곤 합니다.

마음을 다하여 나무아미타불

마음을 다하여
"나무아미타불"을 염불합니다.
마음을 다하여
부처님께 공양 올리는 마음으로 염불합니다.

마음을 다하여
일체중생을 관상(觀想)하면서
회향하는 마음으로 염불합니다.

마음을 다하여 일체중생 가운데
어렵고 힘들며 고통받는 중생들을 관상(觀想)하면서
연민하는 마음으로 염불합니다.

마음을 다하여

온 누리에 자비심이 충만함을

관상 하면서 염불합니다.

공부는 늘 잊지 않고 하라

제가 태안사에서 행자생활하던 시절 태안사에 최 보살님이라는 공양주 보살님이 있었습니다. 최 보살님은 태안사에서 태어난 분입니다. 대처를 강요하던 일제시대에 아버지가 태안사의 원주스님이었는데 그 인연으로 태안사에서 태어나 어린 시절부터 아버지에게서 사찰음식을 배웠습니다. 주변에 크게 알려지는 않았지만 사찰음식에 한해서는 정말 국보급이라 할 수 있습니다.

최 보살님은 아직도 살아계신데, 태안사가 6·25전쟁 이전에는 송광사에 버금가는 대가람이었고, 선원에는 도력 높은 조실스님이 계셨다는 이야기 등 예전 태안사 스님네 사는 모습이며 옛 스님들이 해주시던 경책 한마디를 가끔 행자들에게 전해주곤 하셨습니다. 그때 들은 말 가운데 하나가 "공부는 늘 잊지 않고 하라."는 말씀이었습니다.

이와 비슷한 이야기가 경전에도 있습니다. 수행을 거문고 줄에 비유한 부처님의 말씀이지요. 수행도 거문고 줄처럼 너무 느슨해도 안 되고 너무 팽팽해도 안 된다고 하셨습니다. 이 공부는 끝까지, 목숨이 다할 때까지 하는 것이 중요하다고 생각합니다. 더디지도 빠르지도 않게 오래오래 꾸준하게 수행을 이어가는 것이 첫 번째 할 일입니다.

예전에 어떤 거사님께 다라니 수행을 권한 적 있습니다. 시간이 오래 지나 이야기를 들어보니, 한 10년 정진을 해보니 이제야 내공을 느끼겠다고 합니다. 이번 동안거 기간에 저도 "공부는 늘 잊지 않고 한다."는 마음으로 큰방과 법당에서 지내고 있습니다.

이순耳順부터 할 일

공자孔子가 이르기를, 40세에는 세상일에 미혹되지 않는다 하여 불혹不惑이라 하고, 50세에는 하늘의 뜻을 안다고 하여 지천명知天命이라 하고, 60세에는 귀가 순해진다 하여 이순耳順이라 하고, 70세에는 하고 싶은 대로 해도 법도를 어기지 않는다 하여 종심소욕불유구從心所欲不踰矩라고 했습니다. 이 말을 절집의 방식으로 해석하면, 50세에 돈오頓悟했지만知天命, 깨달았어도 온전하지 못하고 마음이 널뛰다가 60세가 되면 칭찬과 비난에 귀가 순해지며耳順, 70세에 가서야 몸과 마음이 진리와 일치가 된다從心所欲不踰矩는 뜻입니다.

제가 이순耳順이 되어 세상을 바라보니, 결국은 업業대로 산다는 것을 알았습니다. 지은 업대로 산다는 말은 부처님 말씀과 어긋나지만, 지은 업대로 살고 있는 것이 현실이고 업을 녹여서 운명을 바꾸기는 현실적으로 힘든 일입니다. 예를 들면, 흐르는 물결 따라 내려가는 것이 업대로 사는 것이고, 흐르는 물결을 거슬러 올라오는 것이 업을 녹이는 삶, 즉 수행입니다. 더 쉽게 말하자면, 해온 짓대로 사는 것이 업대로 사는 것이고, 안 하던 짓거리 하면서 사는 것이 업을 녹이는 삶입니다. 이익 다툼에 골몰하고 끝없이 끌어 모으기에 정신 줄 놓는 것이 업대로 사는 보통 중생의 삶입니다.

출가사문도 스님 생활이 전생에 하던 짓거리가 아니었다면, 없으면 없다고 매사 투정하다가 결국은 떠나거나, 먹물 옷을 걸쳐도 잡기에 골몰하는 것입니다. 우리가 금생에 나서 깨달았다고 하지만, 한 꺼풀 벗기고 보면 금생에 깨달았다는 것은 눈곱만큼이고 모두 전생에 배운 살림살이 가지고 금생을 살고 있는 것입니다.

"업대로 산다." 하는 것만 통찰해도 많은 시비에서 벗어날 수 있습니다. 삼라만상을 생긴 그대로 관조 하면 걱정과 시비를 벗어나 마음의 평화를 얻을 수 있습니다. 한 걸음 더 나아가 연민을 느낄 수 있습니다. 다만 중생이 제 업대로 사는데 제가 그 업을 녹여줄 법력이 없을 뿐입니다. 법력도 없는 이가 "왜 그렇게 게으르게 삽니까?" 하고 말한다고 해서 게으른 삶이 바뀌겠습니까? 도리어 시비만 일어날 뿐입니다. 모든 시비

내려놓고 새벽에 일어나 자비관으로 문을 열고 저녁에는 나무아미타불 염불로 문을 닫고 법당에서 도량에서 방에서 나름대로 정진을 이어가려고 노력하고 지내고 있습니다. 제가 할 수 있는 최선의 방법일 뿐입니다.

언제인가 선방에서 한 철 열심히 살았더니 해제날 어떤 스님이 "스님을 보고 생각을 많이 바꾸었습니다." 하고 말하더군요. 산철에 객으로 살던 스님이 떠나면서 "중노릇을 어떻게 하는 것인지 스님께 배우고 갑니다." 하는 이야기를 들은 적도 있습니다. 나로 인하여 생각이 바뀌고 마음으로 배운 것이 있다면 그저 감사할 뿐입니다. 옛글에도 말로 가르치려면 시비가 일어나니 행동으로 가르치라 하셨는데 그 말씀이 참말입니다. 절집 말로 하자면, 증오한 다음에 중생을 제도하라는 말입니다.

인과는 뚜렷한 것이며 선업에 즐거운 과보가 있고, 악업에 괴로운 과보가 있는 것은 만고의 진리입니다. 그러나 다 아는 진리이지만 마음으로 통찰하지 못했기에 몸 따로 입 따로 놀며 선업 없이 즐거운 과보만 바라는 것입니다.

예전에 어느 노스님께서는 주지 소임을 보면서 대중스님네에게는 두루마리 화장지 사주고 본인은 신문지 오려서 사용하고, 절 일 도와주는 처사와 함께 장에 가면 점심으로 처사에게는 짜장면 사주고 당신은 더 저렴한 국수 드시고, 대중스님 네는 택시 타고 다녀도 당신은 꼭 버스 타고 다니셨다고 합니다. 인과^{因果}의 도리를 몸으로 보여 주시는 분입니다.

출가사문이 인과의 도리를 입이 아닌 마음으로 통찰하였다면 당연히 청정한 계행과 검소한 삶이 기본이 되는 것입니다. 또한 재가불자님들도 이웃에 폐가 되거나 과시용 소비는 하지 않을 것입니다.

선업^{善業}! 가장 좋은 선업은 중생을 위해 기도하고 마음을 일으키는 것입니다. 일체중생을 위해 마음을 베푸는 일에는 끝없는 공덕만 있고 장애는 없습니다. 이런 소신으로 하루 일과로 자비관과 염불수행을 지어가고 있습니다. 아직 번뇌 망상이 남았기에 온전히 짓지는 못하지만 거짓으로라도 지어가다 보면 언젠가는 진실해질 것이라 생각합니다. 아, 이순^{耳順}부터 할 일은 정진뿐입니다.

중생을 위한 염불

언제인가 청화 큰스님을 독대(獨對)한 적이 있습니다. 큰스님 앞에 서면 제 마음을 다 읽으신다는 느낌을 늘 받습니다. 그 날 큰스님께서는 못난 제자를 위하여 소중한 소참법문을 해 주셨습니다.

"깨달음을 얻기 위하여 염불(念佛)한다네.
깨달음을 얻은 후에는 중생들을 위하여 염불한다네."

"나무아미타불" 한 번이 나를 깨달음의 길로 인도하고, 중생들을 깨달음의 길로 인도합니다. 어디 나무아미타불뿐이겠습니까? 관세음보살, 지장보살도 다 같은 염불이며, 염불 공덕보다 더 크고 가치 있는 것이 세상에 또 있겠습니까?

인연 없는 중생

언제인가 아는 절에 가서 주지스님과 차를 마시는데 신도 한 분이 상담하러 왔습니다. 저는 옆에서 가만히 듣고 있었습니다. 찾아온 신도는 몸이 좀 불편한데 한의원에 갔더니 절에 가는 것이 낫겠다는 말을 듣고 찾아왔다는 것입니다. 주지스님은 기도도 권하고 염불도 권했습니다. 하지만 그분은 이런저런 이유를 대면서 기도도 염불도 어렵다고 했습니다. 아픈 몸이지만 절에서 힘닿는 데까지 절도 하고 염불도 하면 조금씩 변화가 있을 것이고, 이것도 힘들면 사시기도 때 뒤에 앉아서 참석하면 공덕이 있고 가피가 있으련만 그분은 마음의 문을 닫고 못하겠다고 합니다.

출가사문의 역할이 인연 없는 중생 인연 맺어주고, 신심이 약한 사람 신심 북돋아주는 것이지만 막상 부딪쳐 보면 어려운 일 중 어려운 일입니다. 아무것도 아닌 것 같지만, 법당에 들어와 부처님께 삼배 올리고 "나무아미타불"이든 "관세음보살"이든 한 번 칭념하는 인연을 조금 부풀려 말하면 다겁생의 인연이 있어야 합니다. 이 공부가 어려운 이유가 이것입니다. 염불수행에서 신심은 불씨와 같습니다. 그러나 신심을 갖는 것은 교육시킨다고 되는 것도 아니고, 권한다고 이루어지는 것도 아닙니다. 오랜 전생에 그늘이 있어야 되는 일입니다.

옛글에 말로 가르치면 시비만 일어나니 몸으로 가르치라고 하는 말씀이 있습니다. 아직도 망상이 남아 있는 저의 말 몇 마디로 업을 녹여 마음이 바뀌게 하지 못하는 것이 사실이지요. 그동안 여러 시행착오를 거치며 살펴보니, 묵묵히 염불공덕을 지어가는 것이 최선의 방법임을 알게 되었습니다.

부처님 명호를 칭념하는 인연이 얼마나 소중하고 귀한 인연이기에 염불하는 사람은 분다라화(흰 연꽃) 같다고 하였고 "나무아미타불" 염불하는 이는 관세음보살님과 대세지보살님의 도반이 된다고 하였을까요?

아무리 박복한 중생이라도 정성껏 염불하면 그 가운데서 복과 지혜를 모두 얻을 수 있습니다. 또한 말년의 모습이 전생의 모습이고 내생의 모습입니다. 염불공덕은 다음 생까지 연결되기 때문에 말년의 염불수행은 더욱 중요합니다.

관세음보살

관세음보살님은 스스로 관세음보살이라 말하지 않습니다.
다만 위로는 항상 아미타불의 무량공덕을 찬탄하면서
아래로는 일체중생을 위하여 대비주를 염송할 뿐입니다.

저의 원불(願佛)은 관세음보살입니다.
"나무아미타불"을 찬탄하는 염불공덕도 무량하지만
일체중생을 위해 대비주를 염송하는 공덕도 무량합니다.
"나무아미타불"과 대비주는 별개의 것이 아니라
서로 부족한 부분을 메워 주는 한 가지 수행입니다.
모두 관세음보살님의 마음입니다.

들러리

처사 시절 지금의 잠실 올림픽공원 자리에서 꽃장사 할 적에 그 자리에 백여 개가 넘는 꽃집이 있었습니다. 한 업종만 100여 집이 모여 장사하는 것 자체가 대단한 것이지만 그 안의 생존 경쟁은 참으로 치열합니다. 그 속에서 살며시 살펴보니, 망해서 떠나는 사람도 있고, 큰돈 버는 사람도 있었습니다. 다시 말하면, 주인도 있고 들러리도 있었습니다.

일종의 들러리 법칙입니다. 어느 조직이나 집단이든 주인도 있고 들러리도 있는데, 들러리는 다수이고 주인은 소수인 현상을 말하지요. 사바세계는 많은 들러리 속에 소수의 주인이 있는 구조로 되어 있습니다. 즉, 닭이 만이면 봉이 하나인 구조입니다. 그러나 들러리의 역할도 중요한 것입니다. 봉이 저 홀로 존재할 수 없는 것이며, 닭이 만이 있어야 그 속에서 봉이 빛나는 것이지요.

들러리 법칙은 절집에서도 통합니다. 절집 말로 들러리는 '장엄(莊嚴)'입니다. 사실 출가사문이라고 다 고고한 철학을 가지고 출가하는 것도 아니고, 안거를 보내기 위해 한자리에 모여 있지만 투철한 신심으로 안거를 보내는 것은 아닙니다. 천년의 세월을 견뎌온 선원에 눈 푸른 납자만으로 천년 세월을 버텨온 것은 아니지요. 선지식이 오길 기다리며 때로는 졸기도 하며 그 자리를 지켜온 들러리 납자 덕분으로 선원이 천년을 버텨온 것입니다.

들러리 법칙을 이해해야, "나는 잘 하는데, 너는 왜 못하느냐?" 하는 시비에서 벗어나, 들러리 중생들에게 연민의 마음을 지닐 수 있습니다. 출가하면 누구나 선방에서 확철대오하여 구름 같은 대중을 거느리며 널리 법을 펼치고 싶지요. 하지만 다만 업이 받쳐주지 않는 것입니다. 손가락질 받으며 들러리 서는 심정은 알게 모르게 답답할 뿐입니다. 다수의 들러리들의 공덕으로 조직이 유지되는 것이고, 승가도 유지되는 것입니다.

어느 분야에서건 금생에 배운 살림살이 가지고는 그저 그런 수준을 뛰어넘기 어렵습니다. 사바세계에서 한 각을 이루려면 이미 깨달아 세상에 와야 합니다. 그러나 한 각의 원인

또한 다겁생의 들러리 공덕입니다. 다겁생의 들러리 공덕으로 한 세상에 각을 이루는 이치를 통찰한다면 들러리가 한없이 귀하고 고맙고 눈물이 나게 감사할 뿐입니다.

절집이든 인생살이든 자신이 주인이 되는 방법은 한 가지입니다. 원력! 원력입니다. 중생은 원력을 키워 보살이 되는 것입니다. 소아적인 원력은 망상일 뿐입니다. 목숨이 다할 때까지 수행을 이끌고 갈 수 있는 힘은 이 수행으로 일체중생을 이익 되게 하겠다는 큰 원력에서 나오는 것입니다.

부처님 전에 삼배를 올리더라도, "나무아미타불" 염불 열 번을 하더라도, 다라니 한 독을 하더라도 일체중생에게 회향하여야 주인이 되는 것입니다. 아! 어렵게 사바세계에 와 어렵게 부처님 법 만났는데 들러리로 한 생을 보내기는 너무도 아깝지 않습니까?

마지막 기회

초심 시절 용맹스럽게 정진하는 스님을 본 적 있습니다. 그 후에도 들리는 바람결에 정진은 늘 여여하다는 소식을 들었고 이제는 세월도 많이 흘렀지요. 그러나 정진도 변함이 없지만 성품, 그 모난 성품도 세월이 흘러도 변함이 없다는 것입니다. 보통 상식으로는 사납고 인정머리 없는 사람도 염불을 하거나 좌선을 하면 성품이 부드러워지는 것이고 자비심이 우러나는 것인데 그렇지 않은 분들이 이따금 있습니다.

출가 자체도 희유한 일이고, 출가해서 정진에 매진하는 것도 희유한 일이며, 정진에 매진하여 성취하기도 희유한 것입니다. 자성청정심이라고 하지만 돌아보면 모나게 타고난 성품, 성질은 참 고치기 힘들다 생각하고, 깊은 삼매가 아니면 불가능하다고도 생각하지만 깊은 삼매 또한 어려운 일

아닙니까?

사주의 대가가 하는 말이, 사람은 결국은 사주대로 산다고 합니다. 절집에서 하는 말이, 결국은 업대로 산다고 합니다. 모두 일맥상통한 이야기입니다. 제 자신을 보아도 그렇습니다. 절에 들어와서 이렇게 사는 것이 아니라 처사 시절, 어릴 적부터 천성이 남 주기 좋아하고 부지런하고 성실하게 살았습니다. 그러나 여기서 한 단계 더 끌어올려 용맹정진하기가 힘든 것입니다.

다겁생의 뿌리 깊은 업장, 그 성질을 언제나 녹일 수 있을까요.

티베트불교에서는 죽기 전, 죽는 순간, 죽은 뒤 49일 동안을 업을 바꿀 수 있는 마지막 기회라고 하며 말년 수행이 중요하다고 합니다. 어떤 분은 풍을 맞아 쓰러진 후 눈물로 세월을 보내다가 사바세계를 회향하였다고 합니다. 풍을 맞기 전에는 나 잘난 맛에 살았는데 막상 누워보니 그동안 건방지게 살아온 세월이 그렇게 후회스러울 수가 없더랍니다. 그래서 깊이 참회하여 건방진 성질을 소멸하고 떠난 것입니다. 떠날 적의 병고는 삶을 회광반조하며 정리하라는 자연의 이치입니다

청화 큰스님의 법문에도 사형수들을 만나보니 그렇게 순수하였다고 하는데, 떠날 때가 되면 거칠고 사나운 사람도 삶을

반조□하게 되는 모양입니다. 잠깐만이라도 그동안의 사바세계 삶을 반조하고 참회하며 원력을 세울 시간도 없이 갑자기 떠나는 것을 절집에서는 가장 나쁜 운명으로 이야기합니다. 그렇기 때문에 육신을 벗은 다음 가까운 주변 분들의 염불이나 경전 독송 같은 마지막 조념염불과 49재가 중요한 것입니다.

참 어렵고 어려운 길입니다. 어려운 길이기에 출가 당시 "좌복 위에서 죽겠다." 결심해도 세월이 가면 다들 흩어지는 것이고, 마지막 기회도 놓치는 것이 다반사이고, 그렇게 한 생이 흘러가는 것입니다. 아, 어렵고 힘들더라도 포기하지 않아야 마지막 기회도 얻을 수 있는 것입니다.

나무아미타불

"나무아미타불"은 광불 이라 밝음의 속성이 있습니다.
그러기에 "나무아미타불" 염불을 하면
어두운 부정적인 생각과 삶이
점점 밝은 긍정적 삶으로 변화해 갑니다.

"나무아미타불" 염불을 하면
밝음을 느끼며 행복해집니다.
행복이 더욱 깊어져 염불삼매에 드는 것입니다.

"나무아미타불" 염불 한 번, 하루, 백 일, 천 일에
바뀌기에는 다겁생의 업장이라 말하는
어두운 부정적 생각과 삶의 뿌리는 깊고도 깊습니다.

그러나 포기하지 않고 목숨이 다할 때까지
믿음과 정성으로 이어간다면
행복해질 수 있고 행복이 더욱 깊어져
염불삼매에 들어 다겁생의 어둠을 소멸하고
극락세계에 왕생하는 것입니다.

도 닦을 복

어느 날 거사 한 분이 찾아왔습니다. 얼굴을 보니 파란만장한 인생살이가 저절로 보였습니다. 제가 첫마디로 "출가하십시오." 하고 말했더니 깜짝 놀라는 기색이 역력했습니다. 이어서 "돈 복 없는 사람은 도 복이 있습니다. 출가해서 인생을 뒤집어 살면 됩니다." 하고 이야기했습니다. 본인이 스스로 운명을 바꾸는 방법, 자신의 업을 바꾸는 방법은 이것이 전부인데, 다겁생에 쌓은 습이 있어서 실천이 어려울 뿐입니다. 전생을 훑어서 출가한 이력이 없기 때문에 출가하란 소리에 놀라고 두려워한 것입니다. 그러면 금생에는 절집 주변을 맴도는 것으로 만족할 뿐입니다.

어떤 스님은 고등학교를 졸업하자마자 출가를 했다고 하길래 놀라워서 이유를 물어보았습니다. 그 스님은 고등학교 2학

년 때 불교 책을 한 권 보고는 "내가 갈 길이 이 길이다." 하고
바로 결정을 내렸다고 합니다. 그래서 대학 진학도 포기하고
졸업하자마자 부모님께 이야기도 안 하고 출가했다는 것입니
다. 이 스님은 이미 전생에 여러 차례 출가했기 때문에 책 한
권 읽고 바로 마음을 내서 출가한 것입니다. 이 스님과 한 철
지내보니 나이는 어리지만 하는 모양은 영락없는 노스님이었
습니다. 전생 인연이 깊은 분은 현생의 나이와 상관없이 풍기
는 느낌이 노스님 같고, 인연이 척박한 분은 절집에 아무리 오
래 살아도 속인 같은 느낌이 드는 것입니다.

　출가하는 것도 태산을 넘는 일이지만, 출가했다고 다 끝
나는 것은 아닙니다. 세속의 삶이 나를 위한 삶이라면 출가,
도의 삶은 나를 버리는 삶입니다. 출가하여 공부의 첫 걸음
인 강원에 입방하는 스님에게 이런 말을 한 적 있습니다. 출가
사문의 대의는 "나를 온전히 버리고 일체중생을 위해서 헌
신하는 것"이라는 말입니다. 부처님 공부, 즉 수행이라는 것이
결국은 나를 소멸하는 것이고, 경전에서도 나가 온전히
소멸했을 적에 부처를 볼 수 있다고 하였습니다.

　수행의 장애는 나에 집착하고 있기 때문에 생깁니다.
나를 내려놓아야 수행에 진전이 있다는 것은 누구나 아는 사
실입니다. 그러나 아무리 잘 알더라도 행동으로 실천하는 것

은 또 다른 일입니다. 게다가 다겁생에 걸쳐 쌓인 '나'라는 망상, 번뇌는 끊임없이 벗겨내도 계속 남아 있습니다. 수행이란 아상, 즉 '나'라는 것과의 싸움이고 '나'가 소멸한 만큼 자유롭고 행복하며 일체중생들을 위하여 헌신할 수 있게 됩니다. 수없는 산을 넘고 또 넘어야 하는 이 길은 깊은 인연이 아니면 힘들고 어려운 길이기에 이 모든 이들에게 연민하는 용서하는 마음이 일어나는 것입니다.

염불은 어떻게 합니까?

마음으로는 관세음보살님을 생각하며
입으로는 관세음보살님을 칭명하며
몸으로는 관세음보살님의 행위를
닮아가려 노력하는 것입니다.

일 년에 한두 번은 기억에 남는 꿈을 꾸곤 합니다. 며칠 전 꿈에 도량에 중국 관광객이 가득한데 어떤 중국인 보살님이 합장을 하고 "염불은 어떻게 합니까?" 하고 묻기에 일러준 말입니다. 제가 한 구절 일러주면 보살님은 합장을 하고 그 구절을 중국말로 되새기며 따라 했습니다.

나무아미타불 염불하는 사람이 왜 관세음보살을 일러주었을까요? 저도 모르는 일입니다.

조념염불助念念佛

절집에서 목숨이 다할 적에 겪는 고통을 단말마라고 합니다. 마지막으로 이승을 하직하는 길이라 겪어보고 설명해 주는 사람은 없지만, 제삼자가 보아도 고통스럽게 가시는 분도 계시고 편안하게 가시는 분도 계시는데, 어느 편이든 떠나는 분의 정신세계는 혼란스럽다고 합니다. 그래서 예부터 사바세계를 하직하는 분을 배웅하는 인사로 "나무아미타불"을 염송해 주었습니다. 중국의 선사인 백장회해 스님이 계시던 도량에서도 스님들이 원적할 적에 "나무아미타불" 염불을 하였다는 글이 있습니다.

옛글에서 평생을 염불하신 큰스님도 명이 다할 적에는 대중스님들에게 조념염불을 부탁한다는 것을 읽은 적이 있습니다. 이를 보면 조념염불이 얼마나 중요한지 충분히 이해할 수 있습니다. 사바세계를 하직할 적에 다겁생의 업장이 모두 들고일어날 것인데 웬만한 수행력이 아니면 명료한 의식으로 떠나기는 어려운 것이 사실이지요.

사바세계를 떠나시는 분들께 고통스럽고 불안하고 혼란스러운 정신세계를 말끔하게 정리하는 부처님 명호이자 천상의 소리가 오래전부터 전해오는 "나무아미타불"입니다. 이 천상의 소리를 듣고 업장을 여의고 천상의 소리 따라 극락세계에 왕생하는 것입니다

우리의 육식^{六識} 가운데 이식^{耳識}, 즉 소리를 듣는 의식이 제일 마지막에 떨어진다고 합니다. 의사가 공식적인 사망을 선언하더라도 외부의 소리를 듣는 의식은 남아있는 것입니다. 운명^{殞命}하기 전이나 운명한 후에도 사바세계를 하직하시는 분의 귀에다 들려주듯이 "나무아미타불"을 염송해 줍니다. 멀리 있어도 가시는 분을 생각하며 들려주듯이 "나무아미타불"을 염송합니다.

이것은 염불하는 이나 염불을 듣는 이나 모두가 극락세계에 왕생하는 일입니다.

좌선

가장 아름다운 자세, 가장 안정된 자세, 지혜를 가장 잘 일으킬 수 있는 자세가 좌선하는 자세입니다. 좌선 자세를 바르게 취하는 것만으로도 많은 이익이 있습니다. 그러나 좌선에 앞서 준비가 필요합니다. 첫째가 적게 먹는 것입니다. 저녁을 적게 먹고 일찍 잠을 자면 일찍 일어날 수 있고 몸도 가벼워집니다. 좌선하기 가장 좋은 시간이 이른 아침입니다. 저녁을 소식하고 일찍 잠을 청하고 일찍 일어나 다리를 포개고 앉아 허리를 곧추세웁니다.

천천히 날숨과 들숨을 쉽니다.
좀 더 깊이 내쉬고 들이쉽니다.
온 몸으로 들숨을 쉬며

천천히 서원을 암송합니다.
"일체중생의 고통을 다 거두겠습니다."

온몸으로 천천히 날숨을 쉬며
온 누리에 자비의 빛을 방사하는 관상 합니다.

다시 마음을 열고 온몸으로 들숨을 쉬면서
고통받는 중생들을 관상 하고
"일체중생의 고통을 다 거두겠습니다."
서원을 세웁니다.

온몸으로 마음을 열고 천천히 날숨을 쉬며
마음의 손으로 양팔을 펼쳐 고통받는 중생,
일체중생을 보듬어 안아줍니다.

낱낱이 관상하면서 들숨과 날숨을 쉽니다.
끝없는 빛과 끝없는 자비심으로 온 누리를 감싸며
들숨과 날숨을 쉽니다.

환희심이 가득하며 자비심이 충만한 마음으로

다리를 풀고 일어납니다.

이 마음 잊지 않으며 하루를 보냅니다.
법당에서 기도할 때에, 운전할 때에
마당에서 풀을 뽑을 때에, 사람을 만날 때에
환희심과 자비심이 나의 업을 녹이고
뭇 중생들의 업을 녹입니다.

아직은 가관假觀의 수행입니다.
임시라도 거짓이라도 이렇게 지어가면
증험證驗의 수행이 된다고
어른스님이 말씀하셨습니다.

권력으로 누리는 행복
재물로 누리는 행복
과분한 이름을 얻어 누리는 행복
다 그늘이 있고 무상無常하지만

세속의 행복과는 격이 다른
수행으로 얻는 행복은 영원하며 그늘이 없습니다.

깨달음은 입에 있지 않고 행위에 있습니다.
헐떡거리며 마음 바깥에서 찾을 일이 없습니다.
그늘 있는 세속 행복에 속아서 헐떡거릴 일이 없습니다.

부처님 법의 대의는
이기심을 버리고 이타심을 일으키는 것입니다.
아뇩다라삼먁삼보리심이 이타심의 결정체입니다.
이기심을 내려놓고 이타심을 일으키는 가장 좋은 수행법은
자비심을 일구는 자비관입니다.

조바심 내지 않고 포기하지 않으면

염불수행에 조바심 낼 것은 없습니다. 우리가 고향을 찾아 얼마나 먼 길을 가고 있는 줄 모르고 있을 뿐입니다. 다겁생을 찾아왔기 때문에 금생에 "나무아미타불" 열 번이라도 할 수 있는 인연을 맺은 것입니다.

비가 오면 비가 오는 대로 바람 불면 바람 부는 대로 염불수행 지어가면 됩니다. 화창한 날의 염불보다 궂은 날의 염불이 더욱 간절하고 진실한 마음이 우러나오는 것입니다.

만일염불! 목숨이 다할 때까지 염불수행 지어가겠다는 원력은 세우기만 해도 이미 절반은 이룬 것입니다. 목숨이 다할 때까지 "나무아미타불" 염불공덕 지어가겠다는 원력을 세우기 바랍니다.

망상 속에서 하는 나무아미타불이나 정성을 다해서 하는

나무아미타불이나 공덕은 같습니다. 망상이 일어난다고 자신을 학대할 필요는 없습니다. 수없는 망상 속에서 진실한 염불이 나오는 것입니다. 중생이 염하는 "나무아미타불" 한 번은 우주를 정화시키는 진언이자 부처님의 마음입니다.

우리가 염려해야 하는 것은 도중에 포기하거나 나태해지는 일입니다. 포기나 나태는 앞서 쌓아 올린 무량공덕이 다 빗물에 떠내려가듯이 그렇게 떠내려가게 합니다.

어제의 나무아미타불과 오늘의 나무아미타불, 내일의 나무아미타불이 모두 다릅니다. 중생의 마음으로 시작한 나무아미타불이 내일은 부처가 부처를 염하는 나무아미타불로 회향하게 될 것입니다.

전생을 기억하는 아이

기독교 문화권에서는 사람이 생을 거듭해서 태어난다는 윤회를 인정하지 않습니다. 기독교 교리에서는 자신이 살아생전 지은 행위에 따라 다시 태어나 과보를 받는다는 교리 자체가 없지요. 다만, 사람이 죽으면 하나님을 믿는 자는 구원 받아 천당에 가고, 믿지 않는 불신자는 지옥에 간다는 이분법적인 교리만 있을 뿐입니다. 또한 물리학의 대가인 영국의 스티븐 호킹 박사도 "죽음은 컴퓨터에서 전원을 끊은 것과 같다."고 했습니다. 죽으면 모든 것이 끝나는 것이지 지옥이나 천당도 없고, 윤회는 더더욱 없다는 말이지요.

이런 문화권에 흥미로운 일이 일어났습니다. 대략 2001년이었던 걸로 생각납니다. 미국 루이지애나 주에 사는 제임스 라이닝거라는 세 살짜리 아이가 전투기 장난감을 좋아하고,

전투기에 부착된 보조탱크의 이름을 정확하게 말하면서부터 부모의 관심을 받기 시작합니다. 아이가 이리저리 하는 말을 모아서 정리해보면 이렇습니다. 제2차 세계대전이 막바지이던 1945년 3월 3일 제임스 휴스턴이라는 젊은이가 나토마베이라는 항공모함에서 전투기 콜세어를 타고 출격했습니다. 그 젊은이는 유황섬 전투에서 일본군의 총격을 받고 전투기와 함께 산화했습니다. 그리고 50여 년의 세월이 지나 미국에 다시 태어난 것입니다.

죽음과 탄생 사이의 50여 년 동안 그는 어디에 있었을까요? 영의 세계는 시간과 공간이 없다고 합니다. 잠깐이었을 뿐인데 사바세계에 돌아오니 50여 년의 세월이 지난 것입니다. 한 가지 의문은 제임스의 전우 빌리와 레온(1944년 전사) 두 사람이 천국에서 그를 배웅했다고 하는데 어떠한 세계에 있다가 왔을까요?

그러나 분명한 것은 죽을 적의 상황이 태어나서도 현재 진행형으로 연결되었다는 것입니다. 제임스는 전투기가 불타며 죽는 꿈을 꾸며 괴로워했다고 합니다. 전투기 엔진이 총에 맞아 불타며 떨어지는데 탈출할 길은 전혀 없었던 당시의 공포가 의식 깊숙이 각인되었던 것이지요. 이 각인된 기억이 어머니 태에 들어가서 나온 뒤에도 꿈속에서 그를 괴롭혔습니다. 그래서 다시 태어난 뒤에도 죽을 당시의 상황과 전우의 이름, 전투기의 모습과 항공모함의 이름을 저절로 말하게 되는 것이지요.

달라이 라마도 다섯 살까지는 전생의 일이 기억났다고 합니다. 하지만 그 후로는 전생의 기억이 더 이상 나지 않았다고 하였습니다. 전투기 조종사였던 전생을 기억하고 말하던 제임스도 네 살 이후부터는 전생 이야기를 하지 않았다고 합니다. 그러나 전생의 습기는 남아 있는지, 11살이 된 제임스를 기자가 찾아갔을 때, 전생의 기억은 없지만 여전히 제2차 대전 당시의 전투기 장난감으로 방을 장식하고 장래에 전투기 조종사가 되고 싶다는 말을 했다고 합니다.

사람이 운명할 적의 마음이 참 중요하다는 것을 이 이야기에서도 알 수 있습니다. 운명할 적의 마음이 다음 생을 결정하는 것이지요. 좋은 마음, 모두 용서하고 전부 참회하고 사바세계를 떠나야 다음 생에 극락세계는 못 가더라도 건강한 마음과 몸으로 다시 돌아올 수 있습니다. 업장을 다 녹이지 못했으면 원력이라도 있어야 합니다.

심리학자나 정신과 의사, 물리학자가 지식으로 우주나 마음을 전부 알지는 못합니다. 깊은 삼매에 들어 첫 번째로 숙명통이 열리고, 그다음으로 천안통이 열리고 마지막으로 누진통이 열려서 삼명육통이 되어야 비로소 "깨달았다. 아라한 이다." 할 수 있는 것입니다. 그 아라한 가운데서도 가장 큰 아라한이신 석가모니 부처님의 말씀은 문명이 발달하고 과학이 발달해도 변함이 없습니다. 아니, 과학이 발달할수록 부처님 말씀이 옳다는 것이 증명되고 있습니다.

2장

삼독심을
여의어야
왕생극락합니다

탐심貪心이 녹았는데
이름과 재물에 헐떡거리겠습니까?
진심瞋心이 녹았는데
화낼 일이 있겠습니까?
치심癡心이 녹았는데
아만과 아상이 있겠습니까?

마음을 바로 봅시다

제가 태안사 행자 시절 공양주 최 보살님께 들은 이야기입니다. 있는 듯 없는 듯 수행하시는 노스님께서 행자님에게 "오늘 저녁에 큰스님께서 내 방에 오실 테니 방 청소 좀 해다오." 부탁하시기에 행자님이 방 청소를 해드렸습니다. 노스님은 그날 저녁 공양까지 잘 드시고 당신 방에 앉아 계시다가 열반에 들었습니다. 그래서 노스님의 말대로 청화 큰스님께서 저녁에 처소로 찾아오시게 되었습니다.

사바세계에 태어남도 대단한 인연이지만 모든 인연 다 끊고 사바세계를 떠나는 것도 대단한 인연입니다. 출가사문도 떠나는 인연은 여러 가지입니다. 당신 방에 널어둔 빨래를 거두지도 못하고 허겁지겁 가시는 분도 보았고, 일주문 나올 적에는 손수 자동차 운전해서 나왔는데 3일 만에 다비함에 담겨 일주문 들어가는 것도 보았고, 또 오랜 투병으로 주변 사람들 진을 다 빼놓고 가는 분도 보았습니다. 사실 이 몸 벗을 적에 여법^{如法} 하게 가는 것은 희유한 일입니다.

80이 훌쩍 넘은 어떤 노보살님은 『금강경』 독송을 하던 중 그 자리에서 돌아가셨습니다. 그걸 지켜본 50대의 며느리는 기가 막혀 몸 둘 바를 몰라 하다가, 자신도 시어머니처럼 열심히 정진하며 살겠다고 원력을 세웠다고 합니다.

사바세계의 연^緣이 다할 적에는 이름도, 재물도 아무런 도움이 되질 않습니다. 또한 견성^{見性} 성불^{成佛}에도 이름과 재물은 전혀 도움이 되질 않습니다. 다만 얼마나 마음을 비우고 집착을 끊었느냐에 따라 아름답게 세상 연을 다하거나 혹은 고통스럽게 세상 연을 다하게 될 것입니다.

우리의 깊은 의식은 다음 생에 태어날 곳을 이미 알고 있다고 합니다. 그렇기에 악도^{惡道}에 떨어질 사람은 현생을 떠나기 싫어 그리 발버둥치며 목숨에 집착하는 것이고, 좋은 곳에 태어날 사람은 편안한 마음으로 세상 연을 다하는 것입니다. 떠나는 길에 당당하려면 거짓 없는 진실한 수행밖에 없습니다. 이것이 진정한 노후대책입니다.

원아임욕명종시   願我臨欲命終時

진제일체제장애   盡除一切諸障碍

면견피불아미타   面見彼佛阿彌陀

즉득왕생안락찰   卽得往生安樂利

원하오니 저희들이 이내 목숨

다할 적에 일체장애 벗어나서

눈앞에서 아미타불 친견하고

극락국토 왕생하게 하사이다.

보물 스님

예전에 어느 큰절에 괴각 스님이 있었는데 어느 날 사미스님에게 망신을 당했다고 합니다. 거칠게 사는 것도 젊은 시절 한때이고 법랍이 적을 적 이야기지, 법랍이 차기 시작하면 후배스님들이 무서운 것은 밖이나 안이나 같은 것입니다.

스님은 분심이 일어나 주지스님을 찾아가 법당에서 일주일 용맹기도를 하겠다며 허락을 구해왔습니다. 주지스님께서 반신반의하며 허락하였지요. 그런데 3일 동안 24시간 목탁 치며 기도하더니 법당을 나와 3일 동안 잠만 자더랍니다.

대중스님네들이 그러면 그렇지 하고 무시했습니다. 그 스님은 3일 동안 내내 자고 나오더니 이번에는 삼칠일 그러니까 21일 동안을 24시간 법당에서 목탁 치며 기도를 하고 나왔습니다. 그러더니 공양시간에 어간으로 큰방으로 들어오더니

가운데 앉으면서 "이제부터 여기가 내 자리다." 하고 말하더랍니다.

절집에서 어간은 가장 어른스님인 조실스님이 앉는 자리입니다. 그런데 그런 자리를 자기 자리라고 말하는 것을 보니 한 소식 했다는 뜻이지요. 다들 이 스님의 기에 눌려 아무 소리도 못했답니다. 그 후 이 스님이 달라지기는 꽤 달라졌다고 합니다.

그때는 살림살이가 어려운 시절인데, 이 스님만 법당에서 기도하면 도량이 풍족하게 돌아갔다고 합니다. 시주도 많이 들어오고 머리 아픈 일도 해결되더랍니다. 그러나 기도를 해서 한 소식을 해도 예전의 함부로 먹고 마시던 업은 안 떨어져 한 달에 한 번 정도 밖에 나가서 먹고 마시고 들어왔다고 합니다. 그래도 대중스님들은 이 괴각스님에게 '보물'이라고 별명을 붙여주었답니다.

우리가 쉽게 생각하는 버릇이나 업의 뿌리는 깊고 깊은 것입니다. 진리(眞理)는 간단하지만 진리를 이해하고 행하는 데는 다겁생의 업이 가로막고 있습니다. 그렇기 때문에 돈오(頓悟)해도 점수(漸修)가 필요합니다.

수행은 인격의 완성입니다

마음으로 부처님을 생각하고
입으로 부처님 명호를 칭명하며
몸으로 부처님의 행을 닮아가는 것이
염불수행입니다.

어떤 수행을 하든
탐·진·치 삼독심의 뿌리를 뽑는 것이 목적이며
삼독심이 소멸하면 소멸한 만큼 행위에서 드러납니다.
삼독심이 뽑혀 나간 자리에는
자비심이 충만합니다.
중생을 연민하는 마음이 가득합니다.
부처님의 마음을 닮아가는 것입니다.

수행은 인격의 완성입니다.

검소, 겸손, 헌신, 정직, 만족, 배려하는 마음, 열린 마음

모두 다 사심 없는 수행의 공덕입니다.

탐심이 녹았는데

명품에 헐떡거리겠습니까?

이름과 재물에 헐떡거리겠습니까?

진심이 녹았는데

화낼 일이 있겠습니까?

치심이 녹았는데

아만과 아상이 있겠습니까?

멀리 찾을 필요 없습니다.

자신의 행위를 반조한다면

자신을 바로 볼 수 있습니다.

용서하는 마음

예전 절집이 어려운 시절에 큰절의 어떤 스님이 절 재산을 팔아서 속퇴하였다고 합니다. 재물만 있으면 나가서 잘 살 것 같아도 사바세계가 그리 녹록한 것은 아니지요. 결국은 다 털어먹고 말년에 병고에 시달리다가 큰절에 찾아와 참회하고 용서를 빌며 큰절에서 죽게 해 달라고 간청하였다고 합니다. 서릿발 같은 어른스님이 계신 곳인데, 어찌 허락이 되어서 뒷방에서 지내다가 마지막은 큰절 다비장에 들어갔다고 합니다. 큰절이 그냥 큰절이 아니라는 생각이 듭니다. 한 생각 잘못하여 한 생이 허무하게 흘러갔으니 다음 생에는 큰절을 지키며 열심히 살게 될 것입니다.

저 자신도 변방 제주도 토성 밑에서 별 망상 없이 묻혀서 마당의 풀도 뽑으며 정진하는 인연에 감사할 뿐입니다. 마음

편히 정진할 수 있는 것이 전부이지만, 이 모든 것은 지난날의 억한 인연을 긍정하고 받아들였기 때문이겠지요. 그 덕분에 지금의 본연(本然) 스님이 있는 것이 가능했다 생각합니다. 잘 풀려나갔다면 지금 이 자리에 있을까? 하는 생각이 듭니다. 설사 더 일찍 절집에 왔더라도 기득권 누리기에 정신이 팔려 제대로 정진하지 못했겠다는 생각도 일어납니다. 한 가지만 분명히 통찰하면, 모두 용서되고 연민하는 마음이 일어납니다.

중생의 속성은 가지면 거만해지고 없으면 비굴해지는 것이고, 쓰면 뱉고 달면 삼키는 것이며, 눈앞의 눈곱만한 이익에도 흔들리는 갈대가 되는 것입니다. 한마디로 갑질이 중생의 속성입니다. 그러나 깨닫기 전은 모두 중생이라고 하지만 본래는 모두 부처이며 깊은 의식은 모두 관세음보살님의 마음입니다. 미안한 줄도 알고, 하지 말아야 할 것도 알지만, 겉으로 드러나는 업장에 가려 짐승의 마음, 짐승의 행위를 일으키는 것입니다.

용서(容恕)의 서(恕) 자에는 '헤아려 동정하다.'라는 뜻이 있습니다. 이것은 "사유하여 자비심을 일으키는 것"입니다. 우리는 금생만 존재하는 것이 아니고 다음 생도 있고 전생도 있습니다. 그렇기에 금생에 억한 일을 겪더라도 다음 생이 있기에 용서하고 억한 감정을 풀어야 하는 것입니다. 알게 모르게 쌓인 억한 감정이 모여서 사바세계를 떠날 적에 고통받게 됩니다.

어떤 분은, 잘 나가던 아버지가 친어머니를 버리고 다른 여인과 결혼한 뒤 친어머니가 충격으로 돌아가시자, 아버지와 상관없이 자신의 삶을 살기 위해 젊은 시절 눈물 젖은 빵을 먹으며 열심히 살았다고 합니다. 세월이 흘러, 잘 나가던 아버지가 말년에 가진 재산 다 털어먹고 무일푼이 되어 본인에게 의지하려고 찾아왔답니다. 주변 사람들이 모두 받아들이지 말라고 말렸다고 합니다. 하지만 자신이 젊은 시절 열심히 살아 지금은 자리 잡고 사는 은혜를 아버지에게 돌리고 아버지를 모셨다고 합니다. 이분이 참 불자이고 지혜로운 분이며 관세음보살의 화현입니다.

살림살이

어느 날 문득, 부질없는 이익 다툼에 골몰하는 세상 사람들과, 가진 자나 없는 자나 모두에게 연민하는 마음이 일어났습니다. 연민이 일어난 다음 날부터 벌여놓은 업을 정리하기 시작했습니다. 남에게 줄 것은 다 주어 깨끗이 정리한 다음 "세상 사람들에게 이익 되는 삶을 살아야겠다." 마음먹고 출가하였습니다.

행자 생활을 시작하는 날부터 "나무아미타불" 염불을 시작했습니다. 강원을 졸업한 다음에는 청화 큰스님 흉내를 낸다고 적게 먹고 적게 자며 천 일을 하루같이 염불하며 살았습니다. 첫 번째 천일기도가 끝나니, 늘 빛이 관상觀想이 됩니다. 아미타 부처님의 무량광불無量光佛이라는 명호의 뜻 그대로 끝없는 빛, 광명光明입니다. 염불이 한 고비 넘기면 당연한 수순으로 빛이 관상됩니다.

제가 하는 정진은 법당에서 목탁 치며 염불할 적에는 빛으로 법당을 채우고, 도량을 채우고, 온 우주로 방사하면서 "나무아미타불"을 칭념하는 것입니다. 좌선할 적에도 다리를 포개고 허리를 곧추세워 앉아 날숨과 들숨을 쉬면서 온 우주에 빛을 방사를 합니다. 빛, 광명이 법신불이자 아미타불이며, 드러날 적에는 자비의 관세음보살님으로 나타납니다. 그렇기에 아미타 부처님의 좌우보처가 관세음보살과 대세지보살입니다. 간단히 말하면, 염불할 적이나 좌선할 적이나 늘 온 우주에 자비심을 방사하는 것입니다.

이런 삶은 조촐합니다. 먹는 것, 입는 것, 사용하는 것 모두가 누추하지만 늘 행복합니다. 수행의 공덕이 빳빳하게 풀 먹인 옷과 고급 승용차, 고래 등같이 큰 법당이나 세상에 쟁쟁한 이름에 있지 않습니다. 수행의 공덕은 청정한 마음에 있습니다.

금타 대화상님의 법문에 "관념으로 수행해 나가면 나중에 실증한다."고 하셨습니다. 다시 말하면, 관상으로 수행해나가면 나중에 실제로 그렇게 된다는 말씀입니다. 현재는 빛, 자비심을 관상으로 닦아나가지만 언제인가는 실제로 드러난다는 것입니다. 관념에서 실증까지의 세월은 금생이 될지 다음 생이 될지는 저도 모르는 일입니다. 다만 제가 아는 것은 애써 하는 것뿐입니다.

실증이 된다면, 말 그대로 일체중생에게 이익이 될 것입니다. 그러나 실증까지 못 가더라도 자비관 수행은 많은 현실적 이익이 있음이 과학적으로도 증명되었습니다. 데이비드 호킨스David R Hawkins 박사의 이론에 따르면 수행자 한 명이 3만에서 7만 명 정도의 정신세계를 정화한다고 합니다.

산철을 함께 정진한 스님이 "스님의 수행법은 참 특이합니다." 하고 말하더군요. 옛글에서 말하기를, 수행법은 거푸집에서 찍어내듯이 똑같을 수 없다고 합니다. 출가사문도 업이 하늘의 별만큼이나 다르기에 수행법 역시 다를 수밖에 없습니다. 그래서 다른 수행법을 부정하고 싶은 마음은 추호도 없습니다. 다만 "나의 인연은 이것이다." 하고 생각할 뿐입니다. 모든 수행법은 진리를 깨치기에 좋은 수행법입니다. 『천수경』의 대비주를 지극정성으로 하신 수월 스님도 계시고, 보리방편문 공부하신 금타 스님도 계시고, 화두 수행하신 허운 스님도 계시고, 염불 수행하신 인광 대사님도 계십니다. 과정은 달라도 진제일체제장애입니다. 일체 모든 번뇌 망상이 제거되어야 삼매에 들고 지혜가 드러나는 것입니다.

또한 출가사문 가운데도 부처님의 은혜를 불사로 갚는 분이 있고, 전법으로, 경전으로, 소임으로 갚는 분들도 있습니다. 모두 인연이 다를 뿐 나름대로 근념 하는 것입니다. 그렇기에 저를 대신해서 해주시는 것에 존경스럽고 고마울 뿐입니다. 다만 저는 자비수행, 마음 베푸는 것으로 부처님과 은사스님의 은혜에 보답하려고 노력하고 있습니다.

그냥 하는 말이 아니라, 수행은 숙연 이나 원력 이 없으면 불가 합니다. 어느 날 인광 대사님이 길에서 구걸하는 거지아이를 만났습니다. 대사님은 아이에게 "나무아미타불"을 한 번만 칭념하면 당신이 가진 돈을 다 주겠다고 하셨지요. 하지만 전생에 지은 인연이 없던 아이는 마치 입이 달라붙은 듯 한마디도 하지 못했다고 합니다.

"나무아미타불" 한 번 칭념하는 인연도 희유한 인연입니다. 우리가 보고 만지는 세계가 전부는 아닙니다. 다겁생의 업에 의해 펼쳐지는 세계는 헤아릴 수가 없고 인과 에 한 치도 벗어남이 없는 것입니다.

스님들도 출가해서 수행한다고 애들 쓰지만 세월이 가면 중도 탈락하는 분이 부지기수이고, 말년까지 수행을 이끌어 가는 분은 많지 않습니다. 한 마디로 숙연 과 원력 의 차이입니다. 수행하는 것 자체가 전생부터 쌓은 습관이 있었던 것입니다. 그래서 수행을 하면서 한 고비를 넘기면 당연히 전생에 자신이 했던 수행법을 스스로 알게 됩니다. 누구에게 물어 볼 필요도 없지요.

언제가 선원에 객승이 와서 함께 한 적이 있습니다. 그때 그 스님이 제가 예불 올리고 기도하는 모습을 보더니, 저에게 전생에 티베트와 인연이 있다고 하더군요. 저 역시 티베트와 의 인연을 인정합니다. 처사 시절부터 티베트 밀교에 관심이 많았고, 티베트 관련 서적은 거의 다 찾아 읽었습니다. 저의 수행법에 군이 갈래를 친다면, 티베트 쪽이라고 할 수 있습니다. 티베트불교는 보리심을 가장 소중하게 생각합니다. 제가 척박한 환경 속에서 동가식 서가숙 하면서도 잊지 않고 보리심을 지니고 출가한 것도 숙연이 아니라면 불가한 일입니다.

결론은 증오, 실증입니다. 증명되지 않는 수행은 망상일 뿐입니다. 금타 존사님의 법문에 이르기를, "오직 가행공덕으로 도 를 이룰 수 있다." 하셨습니다. 가행정진이 있어야 삼매에 들고 증오할 수 있다는 말씀입니다. 금타 존사님의 이러한 말씀대로 하신 분은 청화 큰스님입니다. 당신께서는 평생을 가행정진 용맹정진하시면서 보내셨는데, 이는 범인 을 뛰어넘은 성자의 삶입니다.

새해의 목표는

다시 초심으로 돌아가

적게 먹고 적게 자고 정진하는 것입니다.

아! 진리의 길은 멀고 먼 길이고

한 생은 짧은 세월입니다.

금색광명 변조법계　　金色光明　遍照法界

사십팔원　도탈중생　　四十八願　度脫衆生

불가설　불가설전　　　不可說　不可說傳

아미타불께서 금색광명으로 온 누리를 비추고

48원으로 일체중생을 제도하시네.

그 공덕 말할 수 없고 전할 수 없네.

보배와 같은 부처님

"나무아미타불"은
인연 없는 중생은 칭명할 수 없는 부처님 명호입니다.
그러나 실낱같은 인연이라도 짓고 칭명한다면
인연이 돈독해집니다.

"나무아미타불"은
업장 두터운 중생은 칭명할 수 없는 부처님 명호입니다.
그러나 업장 두터운 중생이라도 칭명한다면
업장이 말끔히 소멸됩니다.

"나무아미타불"은
박복한 중생은 칭명할 수 없는 부처님 명호입니다.

그러나 박복한 중생이라도 칭명한다면
복덕을 구족하게 됩니다.

"나무아미타불"은
때 묻은 마음으로는 칭명할 수 없는 부처님 명호입니다.
그러나 때 묻은 중생도 칭명한다면
청정한 마음으로 돌아갑니다.

"나무아미타불" 칭념은
업장을 녹이는 진언이자 부처님 명호입니다.
"나무아미타불" 칭념은
운명을 바꾸는 진언이자 부처님 명호입니다.

"나무아미타불" 칭념은 모든 티끌 같은 망상도 제거되어
목숨이 다할 적에 아미타 부처님을 뵙고 극락세계 왕생하는
보배와 같은 부처님 명호입니다.

법거량

청화 큰스님께서 토굴에서 정진하실 때의 일입니다. 큰스님께서는 30대부터 도인이라고 소문이 났습니다. 그 소문을 듣고 어떤 젊은 스님이 법거량을 하려고 찾아왔다고 합니다.

큰스님께서는 젊은 스님이 산으로 올라오는 것을 아시고 자리를 피했습니다. 그 젊은 스님은 "내가 올라오는 줄 알고 피했구나." 생각하고 큰스님을 기다렸다고 합니다. 긴긴 여름 해가 서산으로 기울 무렵 큰스님께서 나타나시어 "미안하네." 하시면서 "저녁공양 하세." 하셨답니다.

당신께서 일종식을 하실 때인데 젊은 스님을 위해서 저녁공양을 내놓으시는데 밥이 얼마나 쉬었는지 수저로 밥을 떴더니 풀처럼 쭉 늘어났습니다. 반찬은 시어 꼬부라진 김치를 잘게 썰어서 내놓으셨는데 젊은 스님은 도저히 못 먹고 쳐다 보기만 하더랍니다. 젊은 스님이 쳐다만 보고 못 먹고 있으니 당신 공양을 다 드신 큰스님께서 당신 발우에다 젊은 스님의 쉰밥과 신 김치를 섞어 수저로 저어서 다 드시더랍니다. 젊은 스님은 할 말을 잊었고, 법거량은 거기서 끝났습니다.

쉰밥과 시어 꼬부라진 김치. 산중에서 정진하면서 하루 한 끼도 안 드셨다는 것입니다. 또한 마음을 온전히 비우셨기에 그런 음식을 드실 수 있었던 것이지요.

말년 운

처사 시절에 하도 답답해서 청계천3가에 사주를 보러 갔습니다. 그분이 이리저리 풀더니만 "아저씨, 조금만 더 고생하면 됩니다. 늙을수록 광나는 사주입니다. 늙을수록 광나는 사주가 제일 좋은 사주입니다." 하고 말하더군요. 또 언제인가 재미 삼아 사주 잘 보는 스님에게 물었더니, 역시 말년 운이 좋다고 하더군요. 아무튼 말년 운이 좋다는 소리를 몇 번 들었습니다.

출가사문이 말년 운이 좋아 말년에 이름도 나고 좋은 승용차 타고 다니면서 불사도 크게 하고 상좌도 거느리고 살게 된다면 어찌 될까요? 몸뚱이와 헤어질 적에 이별이 더 힘들어져 몇 년 똥오줌 싸며 고생하다 떨어진다면, 좋은 말년 운이 도리어 독이 되는 것입니다.

또 갈 적에 그리 험하게 가지 않더라도 내가 한 공부보다 후한 복을 받는 것은 다음 생에 독이 될 뿐입니다. 옛글에도 사미스님이 과한 공양 대접을 받고 그 집에 버섯으로 3생을 태어나 빚을 갚았다는 이야기가 있습니다. 그리고 아라한을 응공^이이라고 하는데, 마땅히 공양 받을 만한 분이라는 뜻입니다. 이 말은 아라한과에 올라야 신도님의 과보 없는 공양을 떳떳이 받을 수 있다는 뜻입니다.

출가사문에게 대운^이은 한마디로 삼매^이를 얻는 것입니다. 금타 스님의 글에도 사바세계에 가장 큰 복은 삼매를 얻는 것이라고 하셨습니다. 깊은 삼매를 얻어야 미세 망념까지 제거할 수 있고, 삼명육통이 될 수 있습니다.

재물 운은 노력 없이도 들어올 수 있지만 삼매는 부단한 가행정진이 아니면 얻을 수 없는 것입니다. 그러나 재물에는 항상 과보가 있고 삼매에는 무량한 공덕이 있습니다.

말년에 법상에 올라 불사하겠다고 돈 법문하시는 분들을 보면 애처롭습니다. 말년에 승납이 높아지면 이런저런 이유로 정진은 뒷전으로 멀어지는데, 이렇게 제주에서 정진하는 제 자신을 보면 저의 말년 운이 참 좋다고 생각됩니다.

마음 베풀기

탐욕과 집착과 아집이 성공이라는 환상에 젖어 있는 중생들
탐욕과 집착과 아집이 독이 되어 고통받는 중생들
그들을 위해서 해줄 수 있는 것은 마음뿐입니다.

다리를 포개고 허리를 곧추세우며 날숨과 들숨을 하며
갓도 끝도 없는 마음의 빛을 방사하면서
"일체중생의 고통을 모두 거두어 주겠습니다."

약한 것이나 강한 것이나, 길거나 짧거나 아니면 중간치거
나, 미세한 것이나 거대한 것이나, 눈에 보이거나 눈에 안 보
이거나, 멀리 살거나 가까이 살거나, 태어났거나 태어나려 하
거나 모든 중생들의 고통을 거두어 주겠습니다.

관상합니다.
가슴을 열고 양손을 길게 뻗어
갓도 끝도 없는 허공을 감싸 안으며
"일체중생의 고통을 모두 거두어 주겠습니다."

약한 것이나 강한 것이나, 길거나 짧거나 아니면 중간치거
나, 미세한 것이나 거대한 것이나, 눈에 보이거나 눈에 안 보
이거나, 멀리 살거나 가까이 살거나, 태어났거나 태어나려 하
거나 모든 중생들의 고통을 거두어 주겠습니다.

양손을 길게 뻗어
갓도 끝도 없는 땅속 깊숙이 넣어 뒤집으면서
"일체중생의 고통을 모두 거두어 주겠습니다."

약한 것이나 강한 것이나, 길거나 짧거나 아니면 중간치거
나, 미세한 것이나 거대한 것이나, 눈에 보이거나 눈에 안 보
이거나, 멀리 살거나 가까이 살거나, 태어났거나 태어나려 하
거나 모든 중생들의 고통을 거두어 주겠습니다.

마음을 저 깊숙이 밑도 끝도 없이 깊이 넣으며

"일체중생의 고통을 모두 거두어 주겠습니다."

약한 것이나 강한 것이나, 길거나 짧거나 아니면 중간치거나, 미세한 것이나 거대한 것이나, 눈에 보이거나 눈에 안 보이거나, 멀리 살거나 가까이 살거나, 태어났거나 태어나려 하거나 모든 중생들의 고통을 거두어 주겠습니다.

일체중생을 위한 마음 베풂은

환희심으로 보답합니다.
행복감으로 보답합니다.
건강함으로 보답합니다.
자신감으로 보답합니다.
불성을 자각함으로 보답합니다.

일체중생과 함께 인고의 사바세계를
극락세계로 가꾸어 나가는 것입니다.

이승의 재물은 저승의 빚

예전에 어떤 거사님에게 들은 이야기입니다. 어머니가 돌아가셔서 안방에 병풍을 치고 가족들이 모여 장례 절차를 이야기하고 있었습니다. 저녁 무렵 병풍 뒤에서 어머니가 걸어 나오더니 요강에 일을 본 다음 멀쩡하게 행동하시더랍니다. 나중에 어머니가 하시는 말씀이 "좋은 데 갔다 왔다."고만 하셨답니다. 그런데 신기한 일은 그날로부터 딱 10년 뒤, 죽었다 살아난 날 어머니가 돌아가셨다는 것입니다.

예전에 제주도 어느 마을에 거지 한 분이 있었답니다. 이 사람이 죽어서 마을 사람들이 장례를 치러주려고 매장하러 가는 도중에 다시 살아났다고 합니다. 나중에 하는 말이, 죽어 저승에 가서 염라대왕을 만났는데 염라대왕이 "아직 올 때가 아닌데 왜 왔냐! 다시 돌아가라."고 해서 되살아났다는 것입니다.

그런데 이렇게 다시 되살아난 뒤로는 그전과 전혀 다른 삶을 살았는데 특히 개고기는 절대로 안 먹었다고 합니다. 그 사람이 말하길, 개가 조상인데 저승에서 이승으로 올 적에 흰 개가 앞장서서 자신을 안내했다고 합니다. 그리고 특이하게도 영적인 능력이 생겼답니다. 제주에서 길을 가다보면 "넋 들입니다" 하고 써 붙인 집이 보이는데, 민간요법을 사용해서 충격 때문에 넋 나간 사람을 치료하는 곳입니다. 이 사람이 넋도 들이고 어깨 아픈 사람은 손으로 주물러 치료도 했답니다. 사람들이 흔히 하는 말로, 이유 없이 어깨가 아픈 것은 영가가 어깨에 올라타고 있어서 그렇다는 얘기가 있습니다. 아무튼 이렇게 번 돈은 모두 어려운 사람들에게 회향하고 살았다고 합니다. 그 사람이 죽어서 저승에 가보니 "이승의 재물은 저승에서는 모두 빚"이라며 그렇게 살았다고 합니다.

죽었다가 살아난 뒤로는 그 전과 전혀 다른 삶을 산 것을 보면 이 이야기가 거짓은 아닌 것 같습니다. 우리가 잘 모르는 저 세상이 있다는 얘기이고, 이 세상에서나 저 세상에서나 베풂(보시)은 다 통하는 진리라는 것입니다.

무량한 염불공덕

열 번의 정성스런 염불공덕은 무량합니다.
열 번의 청정한 마음의 염불공덕은 무량합니다.
열 번의 일체중생을 위한 염불공덕 또한 무량합니다.

그러나 열 번의 정성스런, 청정한, 일체중생을 위한 염불은
수천만 번의 망상염불 속에서 나오는 것입니다.
망상염불이라도 지어가십시오.
수천만 번의 망상염불이
열 번의 정성스런, 청정한, 일체중생을 위한
염불이 되는 것입니다.

다시 새해가 밝았습니다.

매일매일이 새로운 날이지만

선을 하나 그어 다시 새 날이 시작하는 날입니다.

지난 한 해 수행을 이어간 여러분 모두 훌륭합니다.

새해에도 수행의 끈 놓치지 마시고 여여 정진하시어

반드시 염불삼매 이루시길 부처님 전에 축원 드립니다.

행복은 어디에서 오는 것일까?

흔히들 행복을 소유에서 오는 만족에 두고 있습니다. 그러나 소유에서 느끼는 만족은 일시적이기 때문에 새로운 만족을 얻으려면 더 많은 것을 소유해야 합니다. 더 많이 소유하기 위한 과정은 자신에게도 고통이지만 이웃에게도 고통을 불러일으키게 되며, 종국에는 인간성 상실로까지 이어집니다.

그러나 행복을 마음의 풍요에 둔다면 오래도록 행복을 누릴 수 있고 이웃과 경쟁할 필요도 없으니 더욱 좋습니다. 한 생각 돌이키면 고해의 사바세계를 넉넉히 보낼 수 있는 것입니다.

어린 시절, 그 시절에는 가난하지 않은 집이 없었지만, 우리 집은 더욱 특별한 집이었습니다. 비가 오는 날이면 우산 없이 비를 맞으며 학교에 갔습니다. 우산 쓰고 학교 가는 아이들이 부러웠고, 비 온다고 우산 가지고 학교로 부모님이 찾아오는 모습은 더더욱 부러웠습니다. 지금도 그 시절을 생각하며 비 오는 날 우산 쓰고 포행하면 행복감을 느낄 수 있습니다.

그 후에는 친척집에서 더부살이하면서 흔히 말하는 눈칫밥을 먹고 살았습니다. 3년을 그렇게 살다가 서울로 무작정 상경하였고 길거리에서 잠을 자면서 연탄불에 라면 끓여 먹고 지냈지만 마음은 그렇게 편할 수가 없었습니다. 신 김치 한 조각 없이 라면만 끓여 먹으면서도 더부살이하며 흰 쌀밥 얻어 먹는 것보다 더 행복했습니다. 그 후로도 연탄불에 냄비 밥 지어 찬 한 가지로 끼니를 해결하다가, 석유곤로로 가스불로 바꾸어가며 20년 동안 내 손으로 밥을 지어 먹다가 출가하였습니다.

군대 시절 1년 내내 훈련으로 산야에서 뒹굴며 살았습니다. 훈련 떠나는 날 새벽 중대장 사모님이 훈련 잘 하고 돌아오라며 가마솥에 불 때어 보온병에 뜨거운 커피를 담아와 60여 명의 중대원에게 한 잔씩 따라주었는데 지금 생각해도 보통 정성으로 할 수 있는 일이 아니었습니다. 요즘은 인스턴트 믹스 커피가 흔하지만 당시에는 미군부대에서 흘러나오는 커피가 있을 뿐이었습니다. 그러니 커피 한 잔이 참 귀한 시절이고 으스스한 새벽에 완전군장하고 따뜻한 커피 한 잔 마시면 그렇게 좋을 수가 없었습니다.

지금도 비싼 고급 원두커피나 비싼 차보다 따뜻한 믹스커피 한 잔에 행복감을 느낍니다.

예수유마 거사가 언제인가 한 말에, 하나님이 주신 은총 중에서 가장 큰 은총은 고통을 주는 것이라는 말이 있습니다. 그런 의미에서 나는 불보살님의 가피 중에 가장 큰 가피를 받았습니다. 처절한 무소유를 어린 시절에 체험하고 나니, 비 오는 날의 우산, 라면 한 그릇, 믹스커피 한 잔에 무한한 행복감을 느낍니다. 비 오는 날에 우산이 있고 라면이 있고 믹스커피가 다 갖추어져 있는데 더 바랄 것이 무엇이 있겠습니까?

살면서 불행하다는 것은 소유한 것이 많다는 것이고 더욱 많이 소유하려는 마음에서 오는 것입니다. 우리가 수행한다는 것은 마음에 탐욕과 분노와 어리석음을 소멸시키려는 것입니다. 탐욕과 분노, 어리석음이 소멸된 만큼 우리는 더 행복해지고 자유로워집니다. 소유에서 벗어날수록 우리는 더 행복해지고 누구나 간직하고 있는 불성, 즉 마음의 보석을 찬란하게 빛나도록 닦는다면 적게 소유하고도 누구보다 만족하며 행복할 것입니다.

만일염불萬日念佛

    오늘은 만일염불 중 1천 2백 일 회향하는 날입니다. 무주선원 개원과 함께 시작한 만일염불이 1천 2백 일이 되었습니다. 법우님들도 각처에서 염불수행 여여 하리라 믿습니다.

    만일염불이란 첫째로, "목숨이 다할 때까지" "나무아미타불" 염불을 하겠다는 서원 입니다. 누구든 이 서원을 세웠다면 이미 절반은 이룬 것입니다. 둘째로, "생명이 있는 모든 중생들이 행복하기를" 바라는 서원을 지니고 염불하는 것입니다. 이 서원은 보리심 을 일으키겠다는 것입니다. 무주선원에 인연 맺으신 분들은 이 두 가지를 잊지 않고 꼭 서원하시길 부탁드립니다.

    보리심을 지니고 염불공덕을 지어갈 적에, 너와 내가 행복하며, 모든 것이 용서되고 참회되며, 뿌리 깊은 아상 과 탐심, 집착이 떨어져나가 목숨이 다할 적에 모든 번뇌 망상이 떨어져 아미타 부처님을 뵙고 극락세계에 왕생합니다.

염불은 꾸준히 하는 것이 중요합니다. 거친 사바세계에 부침이 얼마나 많겠습니까? 비가 오면 비가 오는가보다, 눈이 내리면 눈이 내리는가보다 하며, 묵묵히 염불수행하는 것입니다. 묵묵히 지어가는 염불을 생명이 다할 때까지 지어간다면 그 염불공덕이 얼마나 크겠습니까?

말세에 부처님 법 만나기도 어렵지만, 부처님 명호를 칭념하기도 어려운 것이 현실입니다. 그러나 "나무아미타불" 칭념이 너와 나, 생명이 있는 모든 이들을 행복으로 이끌고, 다음 세상에도 지극히 즐거운 세계에 태어난다면 참으로 세상에서 가장 가치 있는 일입니다. 저도 힘들 적에는 쉬기도 하고 신심이 약해질 적에는 옛 스님들의 글을 읽으며 신심을 다지곤 합니다.

아! 세상에 쉬운 일이 어디 있겠습니까?

애쓰면 애쓴 보람은 반드시 있는 것입니다.

가장 가치 있는 삶

사바세계는 서로 이익을 얻으려고 다투며 사는 곳입니다. 속된 말로 하면, 밥그릇 싸움 하면서 살아간다는 말이지요. 원숭이의 하루 일과는 먹고 짝짓기하고 권력투쟁 하는 것이라고 합니다. 인간의 삶도 이 범주에서 크게 벗어나지 않습니다. 영국의 동물행동학자인 데즈먼드 모리스D. J. Morris의 말처럼, 인간은 털 없는 원숭이에 불과한 것입니다. 인간만이 한다는 학습, 즉 공부도 남을 지배하기 위한 도구일 뿐입니다.

부처님께서 세상에 오신 까닭은 사바세계에서 가장 가치 있는 삶을 보여주시고 가르치시기 위함이었습니다. 부처님은 이기심을 버리고 이타심을 기르라고 하셨습니다. 그래서 절집의 공부는 "이기심을 버리고 이타심을 개발하는 것"입니다. 절집의 공부는 공부해서 대접 받자는 것이 아니고, 중생을 시봉하기 위한 공부입니다. 사바세계에서도 조직이 원활하게 잘 운영되려면 조직의 수장이 헌신하는 마음을 지니고 있어야 조직원이 서로 화합해서 일이 잘 풀리는 것입니다. 사바세계에서 출가사문이든 재가불자든 이기심으로 똘똘 뭉쳐 앞으로 돌격하다가는 크게 깨질 뿐입니다. 심한 경우에는 큰 병을 얻어 단명하거나 말년에 비참해지는 것을 제 눈으로 많이 보았습니다.

인간의 마음에는 이기심과 이타심이라는 두 가지 속성이 있습니다. 이기심은 독약이며 이타심은 보약입니다. 이타심은 순수한 마음입니다. 처음에는 인위적으로 거짓으로라도 이타심을 간직하며 염불이든 진언이든 혹은 간경이나 좌선이든 수행을 합니다. 수행이 깊어져 점점 깊은 내면으로 들어가면 자비심과 평등심이 절로 우러납니다. 결국은 인위적인 것이 소멸하고 자발적이고 순수한 자비심과 평등심으로 일체중생의 고통을 거두어 주게 됩니다.

경전에 이런 이야기가 있습니다. 큰스님이 공양 청을 받아 나가는데 사미스님도 따라갔습니다. 절에서 나갈 적에는 마음에 이타심이 가득해서 하늘의 천신들이 꽃을 뿌리며 찬탄했습니다. 그러나 과분한 공양을 받고 재물까지 얻으니 그만 사미스님의 마음이 흔들려 이기심이 일어났습니다. 그러자 천신들이 침을 뱉으며 돌아섰다는 것입니다.

어떤 종교를 믿고 어떤 수행을 하든 이기심이 소멸되어야 구원을 받을 수 있고, 극락에 갈 수 있으며, 깨달았다 말할 수 있는 것입니다. 흔히 말하는 열 번만 "아미타불"을 불러도 극락세계 왕생한다는 말도 사실은 이기심이 소멸되어야 가능한 일입니다. 화두를 타파했다, 깨달았다고 말하는 사람이 여전히 재물에 헐떡거리고 이름에 헐떡거린다면 아직 이기심이 남아 있는 것입니다.

저 또한 '가진 자의 거만함과 갖지 못한 자의 비굴함'에 분노를 느끼고 있습니다. 그러나 제가 가려는 길은 용서하고 이해하며 이기심을 소멸시키는 길입니다. 수행이란 인격 완성입니다. 먼저 인간이 되어야 성불하는 것입니다.

극락세계

극락세계는 업장을 짊어지고 가는 세계가 아닙니다.

업장이 다하여야 갈 수 있는 세계입니다.

업장이 두터운 중생이라도 "목숨이 다할 때까지

아미타 부처님의 무량공덕을 찬탄하리라." 원력을 세우고

마음을 다하여 나무아미타불을 염 하고 관 한다면

목숨이 다할 적에 업장은 소멸되고

극락세계 왕생하는 것입니다.

원아임욕명종시   願我臨欲命終時

진제일체제장애   盡除一切諸障碍

면견피불아미타   面見彼佛阿彌陀

즉득왕생안락찰 　　即得往生安樂刹

제가 목숨이 다할 적에

모든 업장이 소멸하고

바로 아미타 부처님을 뵙고

극락세계 왕생하기를 원하옵니다.

제8아뢰야식

불교에서 마음을 다루는 학문은 유식학^{唯識學}으로 A.D. 4~5세기의 무착보살과 그의 동생 세친보살로부터 비롯됩니다. 마음을 여섯 번째 마음 제6식, 일곱 번째 마음 제7 말나식^{末那識}, 여덟 번째 마음 제8 아뢰야식^{阿賴耶識}으로 분류를 하고 제8 아뢰야식을 일체종자식이라고도 하며 윤회의 실체라고 정리하였습니다. 서양에서 마음을 탐구하기 시작한 것은 불과 80여 년밖에 안 되었고 정신분석학의 창시자인 프로이트_{S. Freud}, 융_{C. G. Jung} 같은 분들이 불교에 심취한 것은 잘 알려진 일입니다.

학자들이 마음을 탐구해보니 인간의 삶을 지배하는 것은 잠재의식이었습니다. 이 잠재의식은 유식학에서는 일곱 번째 마음, 말나식입니다.

그러나 불교의 유식학에는 잠재의식보다 더 깊은 마음, 즉 제8 아뢰야식이 있습니다. 아뢰야식은 전생부터 연결되는 것으로 현대용어로 말한다면 유전자遺傳子입니다. 인간의 삶을 지배하는 것은 아뢰야식, 즉 전생부터 저장된 마음, 의식입니다.

우리가 금생에 배우고 익히는 학습은 역경계를 만나면 금방 소멸하는 제6식의 작용이고 금생의 모습은 전생의 모습과 별 차이 없습니다. 우리가 안다는 것은 금생에 배우고 익힌 학습이고, 행위는 전생부터의 습관입니다. 알아도 전생의 입력된 정보, 즉 습관, 업業이 없으면 행하기가 힘든 것입니다. 알아도 행하기는 힘들다는 이유가 바로 이것입니다.

예를 들면 얼마 전에 한 처사분이 찾아왔는데 이분이 저를 부르는 호칭이 '선생님'입니다. 시험지에 답을 쓰라고 하면 '스님'이라고 하겠지만, 현장에서는 전생부터 인연이 없는 분이라, 다시 말하면 아뢰야식에 저장된 정보가 없기에 '스님'이라는 호칭이 쉽게 안 나오는 것입니다. 한 발 더 나아간다면 제주불교가 불과 백 년이라는 역사밖에 안 되어 누적된 문화, 업이 약하기에 '스님'이라는 호칭보다 '아저씨,' '삼촌'이라는 호칭이 흔한 것입니다.

티베트 스님의 글에 예전에 중국이 티베트를 점령하고 사원까지 들어와 스님네들을 모아 놓고 인민재판을 하는 내용이 있습니다. 그때 평소에 존경받고 인품도 뛰어나신 선원장 스님에게 중국인 재판관이 사형선고를 내리니 옆에서 봐도 애처롭게 목숨을 구걸하더랍니다. 그러나 별 볼 일 없던 시자스님에게 사형선고를 내리자 시자스님은 껄껄 웃으며 "고맙네! 나도 모택동과 같은 시대에 살고 싶은 마음이 없네." 하며 태연하니 오히려 재판관이 놀랐다고 합니다. 우리가 먹고 입고 말하는 것은 포장된 마음, 즉 육식이고, 역경계에서 나오는 마음이 벌거벗은 나의 업이며 제8 아뢰야식입니다. 나를 바로 보려면 인생의 태풍을 만나야 볼 수 있는 것입니다.

우리가 먹고살기 위한 기술은 반복훈련으로 금생에 익힐 수 있습니다. 하지만 부처님 법, 진리를 이해하고 익히고 행하는 데는 금생만 가지고는 안 되는 것입니다. 어느 분은 당신의 수행, 화두를 세우기 위해서 염불수행을 폄하하는데 화두도 옛 어른스님들도 하셨고 염불도 옛 어른스님들도 하신 수행 방법인 것은 다 아는 사실입니다. 수행의 근본적 문제는 우리가 어떻게 하면 "삼독심을 제거하느냐"는 것입니다. 그 방법론, 즉 수행론은 각자 인연과 기질에 따라 다른 것이며 수행론은 근본이 아닌 곁가지일 뿐입니다. 이런 곁가지에 목숨을 건다는 것은 아직 불법을 이해하지 못하였다는 것입니다. 여담으로 말한다면 남대문시장에서도 내 물건 팔기 위해 남의 물건 험담하지 않는 상도덕은 있습니다.

눈 밝은 선지식이란 최소한의 숙명통은 열려 공부하겠다고 찾아오는 사람의 전생을 읽고 전생에 수행한 것을 손에 쥐어 주어 바로 들어갈 수 있게 해야 합니다. 차선책으로, 양심 있는 선지식은 찾아온 사람의 기질을 면밀히 관찰하여 수행법을 선택해 주어야 합니다. 오정심관五停心觀이 바로 이것입니다. 부처님이 위대하신 이유는 당신도 완벽한 깨달음을 얻었지만 수많은 제자들을 아라한과에 이르도록 하였기 때문입니다.

어느 분은 종교가 다른데도 말년에 참선에 관심이 많습니다. 저에게 이것저것 물어보는데 그분도 전생에 절집과 인연이 깊으신 분입니다. 말년에는 거의 깊은 의식 속 전생부터 저장된 업, 아뢰야식에 저장된 정보에 의해서 결국에는 돌아오는 회귀본능回歸本能이 있다고 생각합니다.

부처님 법과 인연이 있으신 분은 늦게라도 찾아 돌아오고, 인연이 없으신 분들은 나가고 육십 나이에도 속퇴하시는 분을 보았습니다. 초심 시절에는 정진한다고 애쓰시던 출가 도반들도 이런저런 이유로 다 흩어지고 각자 인연 터에 자리 지키고 지내고 있습니다. 온전히 수행에 한 생을 거는 일은 전생의 원력이 아니면 불가능한 것입니다. 또 온전히 한 생을 바쳐 수행한다고 해도 정견을 갖추기가 힘든 것이며, 대승의 요체인 "보리심을 지니고 정진하라."는 한 줄도 이해하고 행하는 데는 다겁생이 필요한 것입니다.

성불, 깨달음까지는 수없는 산을 넘고 바늘구멍을 통과해야 하는 길입니다. 그렇기에 나무아미타불을 하든 이뭣고를 하든 진언을 하든, 정진하는 마음을 일으키는 분들이 한없이 귀합니다. "나무아미타불" 한 번 염송하는 것도 다겁생의 원력과 인연이 아니면 거의 불가능한 것입니다.

어떤 수행을 하든 삼매! 깊은 삼매에 들어 제8 아뢰야식 속에 저장된 번뇌 망상을 모두 다 뽑아내야 비로소 삼명육통이 열리는 것이며 몸과 마음이 증명되어 깨달았다 할 수 있는 것입니다.

법우님들, 부디 금생에 깊은 삼매 얻으시어 다 함께 극락세계에서 만나기를 기원합니다.

염불선念佛禪

염불선念佛禪은 대승경전은 물론 아함경에도 수행법이 나타나 있습니다. 남방 상좌부의 마지막 아라한이라고 일컬어지는 아짠문(Phra Acharnmun, 1870~1950) 스님의 글을 보면, 붓도(Buddho, 佛)를 관觀하는 수행을 했다는 내용이 있습니다.

염불선이란 부처님을 염念하고 관觀하면서 부처님의 몸과 마음을 닮아가는 수행입니다. 부처님을 칭념하는 염불이 깊어지면 자연히 부처님을 사유思惟·관찰觀察하는 염불선이 되는 것입니다.

600부의 대승경전 가운데 200부가 염불수행에 대해 말하고 있다고 합니다. 초심자도 신심만 있으면 쉽게 접근할 수 있고 장점도 많은 수행법입니다.

인간의 마음을 가장 자극하는 것이 '소리'입니다. 소리에는 긍정적인 소리도 있고, 부정적인 소리도 있습니다. 과학자들의 연구에 따르면, 가장 부정적인 소리는 기계톱으로 나무를 자르는 소리라고 합니다. 다시 말하면 생명을 죽이는 살생의 소리입니다.

부처님 말씀에, 짐승을 죽이지도 말고 죽이는 것을 보지도 말고, 짐승의 비명소리도 듣지 말라고 했습니다. 이런 부정적인 소리를 계속 들으면 사람이 부정적인 생각을 하게 되기 때문입니다. 가장 긍정적인 소리는 칭찬하는 소리입니다. 그 중에서도 부처님을 찬탄하는 소리가 제일 좋습니다. 부처님의 명호를 계속하여 부르며 찬탄하면, 신심도 살아나고 생각도 긍정적으로 바뀌게 됩니다. 먼저, 바른 자세를 취하고 입으로 "나무아미타불"을 소리 내서 자신의 귀로 "나무아미타불"이라는 소리를 듣습니다. 이 방법에 익숙해지면 아미타불을 사유하며 관찰하면 됩니다.

아직 중생이지만

아직 중생이기에 세상에 속고 사는 것이고
아직 중생이기에 마음에 상처를 입는 것입니다.
중생이란 아직 갚아야 할 빚,
업^業이 남은 존재입니다.

중생이 부처 되는 길 머나멀지만
눈앞에 펼쳐지는 현상과 존재를
있는 그대로 잠시 일어났다 소멸하는
모였다 흩어지는 구름으로, 파도로
관조^{觀照}하며 다만 묵묵히 수행공덕 지으며 갑니다.

"아미타불을 항시 생각하면서

안팎으로 일어나고 없어지는 모든 현상과

헤아릴 수 없는 중생의 덧없는 행동들을

마음이 만 가지로 굴러가는

아미타불의 위대한 모습으로 생각하고 관찰할지니라."

노름꾼 아들

예전에 늘 "관세음보살"을 염송하는 노보살님이 있었습니다. 보살님은 자신이 언제부터 관세음보살을 염송했는지도 모르고 열심히 염송했습니다. 그런데 노보살님의 아들 중 한 명이 노름을 하며 속을 썩였습니다.

그날은 아들 등쌀에 애써 모아놓은 돈 30만 원을 노름 밑천으로 빼앗겼던 날이었습니다. 백 원짜리 종이돈이 있던 그 시절에 30만 원은 꽤 큰돈이었습니다. 허망하기도 하고 원통하기도 해서 울면서 앉아 밤새 "관세음보살" 염송을 했답니다. 비몽사몽간에 삿갓 쓴 할머니가 나타나 보살님에게 "옜다." 하면서 새끼 돼지 세 마리를 던져주시는데, 두 마리는 보살님 치마폭에 떨어졌고 한 마리는 무릎에 맞고 그만 방바닥에 떨어지더랍니다. 그리고 새벽에 아들이 나타나 방문을 열어제

끼면서 "엄마! 돈!" 하고 말하며 10만 원씩 묶은 돈뭉치 3개를 던져주는데, 두 뭉치는 보살님 치마폭에 떨어지고 한 뭉치는 무릎에 맞아 방바닥에 떨어졌답니다. 그 후로 노보살님의 아들은 노름에는 손을 뗐다고 합니다.

공부하다 보면 영험도 볼 적 있습니다. 그러다 보면 영험에 맛을 들여 영험에 집착하고 영험을 전부로 생각합니다. 그러나 공부의 본질은 영험이 아닙니다. 염불을 하든 진언을 하든 화두를 들든 그 목적은 탐貪·진瞋·치痴 삼독심의 소멸에 있습니다.

진정으로 삼독심이 소멸했을 적에야 참된 행복을 얻을 수 있습니다. 내 마음을 반조해서 삼독심을 제거하는 것이 공부의 본질입니다. 깨달음의 세계는 삼독심이 소멸된 마음의 세계입니다.

자네나 잘 하소

예전에 큰절에 어른스님이 계셨는데 스님들이 찾아와 주지
스님 험담을 하면 한 시간이고 두 시간이고 계속 들어주었다
고 합니다. 그러다가 마지막에는 "난 잘 모르네. 주지한테 가
서 말하소." 하고 말하셨다고 합니다. 또 스님들이 와서 선방
스님네 험담을 하면 한 시간이고 두 시간이고 계속 들어주다
가 마지막에는 "자네나 잘 하소." 하고 한마디 할 뿐이었다고
합니다.

이 어른스님의 시자스님에게 어떤 스님이 물었습니다. "저
어른스님이 혹시 도인입니까?" 시자스님이 답하기를 "저도
잘 모릅니다. 그런데 누가 찾아와 용채로 쓰시라고 봉투를 놓
고 가면 그 봉투가 책상 위에 한 달이고 두 달이고 그대로 있
습니다." 하더랍니다.

수행하려면 마음을 담벼락같이 하라는 가르침도 있고, 모든 것을 다 받아들이면서 불평 한마디 없는 땅과 같은 마음을 가지고 정진하라는 부처님 말씀도 있습니다. 부처님이나 조사스님의 가르침이 아니더라도 돌이켜보면 다들 업대로 살고 있습니다. 남이 시비한다고 받아들이는 것도 아니니, 받아들이지도 않는 것을 시비하며 시간 낭비할 필요는 없는 것입니다. 말로 가르치려 하면 시비가 일어나지만 행동으로 가르치면 시비가 없다는 옛말도 있습니다.

바다 건너와 홀로 정진하며 지내니, 보는 것 듣는 것이 적고 찾아오는 이 또한 드물어 한적하니 좋습니다. 얼마 전 이기심 가득한 스님과 차 한잔 마셨는데 마음도 불편하고 답답하여 할 말이 없었습니다. 예전에 어른스님께서 하신 "자네나 잘 하소." 하는 말씀이 문득 귓전을 스쳐 지나갔습니다.

이근원통^{耳根圓通}

경전은 읽는 사람마다 각자 자신의 견처와 인연에 따라 핵심을 다르게 말합니다. 그러나 『능엄경^{楞嚴經}』의 핵심을 "이근원통^{耳根圓通}"으로 꼽는 것에는 모두들 동의하고 있습니다. 이근원통의 의미를 해석하면, "귀(들음)에 의지하여 완전한 깨달음에 이른다."는 뜻입니다. 『능엄경』「대세지보살염불원통장^{大勢至菩薩念佛圓通章}」에서는 문수보살님이 마지막으로 염불수행(나무아미타불)을 권하고 있습니다. 다시 말하면, 소리를 내서 그 소리를 들으며 관^觀하는 수행이 가장 쉽게 깨달음에 들어갈 수 있는 방법이고, 또한 그 소리로는 "나무아미타불"이 가장 이상적이라는 의미입니다

나무아미타불이든 옴마니반메훔이든 『천수경』의 대비주이든 다 같은 것입니다. 각자 자신의 인연 따라 한 가지를 간택

하여 수행해 보십시오. 그러면 이근원통(耳根圓通)이 깊어지면서 몸과 마음이 편안해져서 건강하고 행복하게 살 수 있고, 더 나아가 깨달음에 들어갈 수 있습니다.

과학적으로도, 자신이 소리를 내고 그 소리를 듣는 것은 정신건강에 매우 좋다고 합니다. 또한 염불을 많이 하면 치매가 없다고 합니다. 주변에 염불수행을 오래 해온 노보살님들의 기억이 무척 또렷한 것을 우리는 쉽게 찾아볼 수 있습니다.

정성을 다하여

진리는 단순합니다. 그리고 평범합니다.
염불수행 또한 단순하면서 평범합니다.

"나무아미타불"을 정성스럽게 칭념하는 것입니다.
정성스럽게 하는 염불에 입이 익고 생각이 익고
마음이 익으면 행동으로 정성스러움이 우러납니다.

운전을 할 적에도 공양을 지을 적에도 사람을 대할 적에도
행주좌와行住坐臥 어묵동정語默動靜에

정성스러운 염불이 깊어지면서
복과 지혜는 나날이 깊어집니다.

정성스러운 삶에서 복과 지혜가 함께합니다.
깨달음은 삶에서 드러나야 합니다.

검소함, 소박함, 만족함, 행복함
정직함, 부드러움, 배려하는 마음

내 마음의 큰스님

　찬바람이 불기 시작하면 늘 은사스님이신 청화 큰스님 생
각이 납니다. 예전에 동안거를 보내기 위해 나가면서 인사차
성륜사 종무소에 들렀을 때였습니다. 종무소에서 일하면서
조선당을 오르내리며 큰스님을 시봉하던 보살님이 이런 말을
하는 것이었습니다. "아무한테도 말 안 했는데, 큰스님께서 이
번 겨울이나 나시려나 싶습니다." 그 말에 갑자기 정신이 멍
해졌습니다. 그때만 해도 법문도 잘 하시고 일상생활도 잘 하
시는 모습을 뵙고 있었습니다. 그런데 건강이 그렇게 안 좋으
셨는지 몰랐지요. 큰스님께서는 제가 그 말을 듣고 난 뒤 1년
을 더 사셨습니다.

　큰스님께서 열반하시기 석 달 전에 성륜사 조선당에 올라
가 인사를 드리게 되었습니다. 큰스님께서는 불편하신 몸으

로 『육조단경』에 대해 간략히 소참법문을 해주시며 염불수행을 독려하셨습니다. 그때 문득 "아! 이번이 마지막이구나." 하는 생각이 들어 그 말씀을 마지막 유업으로 받았습니다.

큰스님의 삶은 한마디로 위법망구_{爲法忘軀}의 삶입니다. 한 평생 진리_{眞理}를 위해 최소한의 잠을 주무시고 최소한의 음식을 드시며 정진하여 진리를 깨달으시고, 그 진리의 마지막 에너지 한 조각까지 모두 중생을 위해 회향하고 가신 것입니다. 삼칠일, 석 달, 삼 년은 용맹정진할 수 있어도 평생을 용맹정진하기는 보통 사람이 할 수 있는 일이 아닙니다. 아는 분들은 알 것입니다. 앞으로는 그렇게 살다 가신 분을 만나기 힘들 것입니다.

3장

보리심을
먼저
내어야 합니다

옛 어른스님이 일러줍니다.
"보리심을 지니고 수행하라."
이것이 비굴한 마음과 거만한 마음을 정리하며
청정한 선업善業을 닦는 길이며
더 나아가 극락세계 왕생하는 씨앗이 된다고.

보리심 공부

어떤 보살님이 아들의 대학교 입시 때문에 처음으로 절에 와서 관세음보살을 염송했습니다. 그분의 표현대로 하면, 한 3년 관세음보살을 염하다 보니 관세음보살님이 마음 밖에 있는 것이 아니더라, 내가 관세음보살이 되어 일체중생의 고통을 거두어주겠다는 마음이 일어나더랍니다. 그런 후로는 일체중생을 구제하겠다는 원력을 지니고 관세음보살을 염송한다고 합니다. 이분은 3년 만에 정법에 귀의한 것입니다.

부처님 공부의 첫걸음이자 마지막이 보리심입니다. 보리심은 대승불교의 핵심이기도 합니다. 출가사문이든 재가불자든 절집에 들어오는 이에게는 모두 보리심을 일러주어야 합니다. 자신의 수행 이력과 삶의 모습이 일치되지 않는다면, 그 원인은 철학 없는 수행, 보리심에 대한 인식 부족입니다.

보리심을 현대적 의미로 설명하면 배려하는 마음입니다. 남을 보살피거나 도와주려는 배려의 마음이 이웃을 넘어 일체중생에게 미쳐야 합니다. 아미타불의 48서원을 압축한 것이 사홍서원이며 사홍서원을 더 압축한 말이 보리심입니다. 보리심을 일러 위없는 마음, 마음 가운데 가장 거룩한 마음, 더 이상의 마음이 없는 위없는 마음이라 하며 보리심을 지니는 삶이 거룩한 삶입니다.

보리심의 완성이 깨달음의 완성이며, 보리심을 일깨우기 위해 수행하는 것입니다. 흔히 염불해라, 진언해라, 화두해라 하며 수행법의 우열을 논하는 것은 본질이 아닌 곁가지를 가지고 다투는 것입니다. 이런 이유든 저런 이유든 일주문 안으로 들어온 사람에게는 "발심 해라! 발보리심 해라!" 하며 제일 먼저 일러주어야 할 덕목입니다. 율장에 출가사문은 짐승을 보면 짐승에게도 "발보리심하라."며 축원하라고 합니다. 축생에게까지도 발보리심하라고 축원하는데 일주문에 들어오신 분들에게야 더욱 간절한 말씀 아닙니까?

이기심과 소아를 내려놓고 보리심을 지녀야 하며, 수행은 인연에 따라 염불을 해도 좋고 진언을 해도 좋고 화두를 해도 좋고 간경이나 절 수행 모두 다 좋습니다. 번뇌 망상이 가득한 중생이라도 보리심을 지니고 수행을 하면 번뇌 망상은 털어지고 그 자리에 보리심이 채워지며, 번뇌 망상이 털어진 만큼 몸과 마음은 가볍고 적은 것에 만족하며 자유롭고 행복한 것입니다.

보리심을 지니고 하는 수행의 공덕은 복과 지혜가 증장하게 합니다. 나와 이웃을 행복하게 합니다. 더 나아가 사회를 윤택하게 합니다. 현 사회에 가장 필요한 덕목이 더불어 사는 사회이며, 이를 한마디로 말하면 보리심입니다.

마음 베풀기

나로 인해 알게 모르게
고통받는 이웃을, 일체중생을 생각해본 적 있습니까?

나, 내 가족, 내 울타리 너머
고통받는 이웃을, 일체중생을 생각해본 적 있습니까?

하루 일과 중 잠시라도 시간 내서
나로 인해 알게 모르게
고통받는 이웃과 일체중생에게 용서를 빌며
다리를 포개고 허리를 곧추세우고 앉아
들숨과 날숨을 편안히 하며 염송합니다.

"나로 인하여 고통받는 모든 이웃과 일체중생이
모두 고통을 여의고 행복하길…."

나, 내 가족, 내 울타리 너머
고통받는 이웃과 일체중생의 삶을 반조하며
다리를 포개고 허리를 곧추세우고 앉아
들숨과 날숨을 편안히 하며 염송합니다.

"모든 고통받는 이웃과 중생들이
모두 고통을 여의고 행복하길…."

다겁생의 탐욕을 녹이며 티끌만 한 연민심을 키워
소아를 넘어 대아가 될 적에
이웃과 중생들의 행복이 나의 행복이 될 적에
수행이 완성됩니다.

사회도 더불어 행복하자는 것이고
수행도 더불어 행복하자는 것입니다.

마음 가꾸기

적게 먹고 채식하면서 다리를 포개고 허리를 곧추세우고 앉아, 복식호흡을 하는 이 모든 것은 마음의 상태를 최상으로 유지하기 위한 방법입니다.

어떤 마음으로 수행하느냐에 따라 그 결과는 하늘과 땅만큼이나 차이 나게 됩니다. 우리가 산을 올라갈 적에 목표지점을 정확히 알고 나침반으로 방향을 찾으면서 올라가면 손쉽게 목표지점에 도달할 수 있습니다. 그렇듯이 수행도 견해를 바로 세우고 정진해야 깨달음에 쉽게 이를 수 있는 것입니다. 그러나 견해를 바로 세우는 것, 즉 정견을 세우는 것은 쉽지가 않습니다. 우리가 한 생각 일으키는 데도 수없는 전생의 업이 작용하기 때문입니다.

그렇지만, 바른 견해를 정립했다면 그것이 곧 해오 이고,

각자 인연에 따라 수행을 통하여 완성되는 것이 증오 입니다. 해오 없는 증오 는 외도의 삿된 수행일 뿐입니다. 대승불교의 핵심은 아뇩다라삼먁삼보리심입니다. 줄여서 보리심 이라고 합니다.

아미타불의 48원을 압축한 것이 사홍서원 이고, 사홍서원을 더욱 압축하면 보리심입니다. 더 쉽게 풀어서 말하면 "이웃을 배려하는 마음"입니다. 이 마음을 가꾸는 것이 수행의 최종 목표가 되어야 합니다. 이웃이란 일체중생을 말하는 것입니다. 일체중생이란 생명이 있는 모든 존재를 말하는 것이며, 생명 있는 모든 존재의 평등성, 존귀성을 말하는 것입니다. 이러한 개념은 불교에만 있는 표현입니다. 보리심을 간직하고 수행에 임할 때 이웃과 더불어 행복해질 수 있고 사바세계의 고통에서 벗어날 수 있는 것입니다.

천화遷化

　일제강점기 때의 일이라고 합니다. 큰절에서 동안거 결제를 하는데 스님 두 분이 방선 만 하면 사라졌다가 나타나곤 하였습니다. 해제 전 죽비를 놓자 두 분의 스님이 순천에 나가서 탁발을 하여 대중공양을 하였습니다. 그리고 해제 날 산에서 연기가 나기에 대중스님들이 가보니 두 분 스님은 미리 준비한 장작 위에 앉아 스스로 화장을 하였습니다. 결제 중 방선하면 틈틈이 산에서 장작을 준비하고 해제 전날에 대중공양을 올리고 해제 날에는 고고한 삶을 정리하였는데 이런 일을 절에서는 천화 라고 합니다.

　스스로 화장하여 고고한 삶을 정리한 예로는 근대 중국의 선승인 허운 스님의 제자 가운데 평생 동안 "관세음보살"을 염한 구행 스님이 있습니다. 구행 스님은 볏짚 몇 단에

스스로 불을 붙여 화거 하였는데, 사람들이 발견했을 당시 스님은 가부좌한 채 미소를 머금고 있었다고 합니다.

예전에는 스스로 화장을 하는 것까지는 아니더라도 갈 때가 되면 대중처소에서 나와 홀로 깊은 산중에 들어가 단식으로 사바세계를 회향하는 경우가 많았습니다. 그리고 그 자리에는 목에 걸고 있던 보리수 염주나 율무 염주가 발아하여 나무로 자랐다고 합니다.

가장 이상적 죽음이 단식을 통한 죽음이라는 말이 있는데, 인도의 자이나교도들은 대부분 단식으로 사바세계를 회향한다고 합니다. 송광사의 취봉 노스님께서도 16일간의 단식으로 회향하셨고, 어떤 노보살님이 7일 단식으로 회향하였는데, 이를 본 며느리가 말하길, 돌아가신 뒤의 모습이 마치 천사와 같았다고 합니다.

5백만 원 주고 구입한 중고 아반떼가 차 나이가 15년이 지나니 일 년에 한두 번은 손보면서 타고 다닙니다. 그렇게 타고 다니다가 고장이 심하게 나면 그때는 폐차시키는 것이지요. 몸도 그와 같습니다. 저도 야전에서 뒹굴며 살아도 병원이라는 곳을 몰랐는데 50대 후반부터는 병원에 갈 일이 생기더군요. 올해도 안과를 한 달 정도 다녔습니다. 몸을 조금씩 손보며 정진하다 큰 병이 생겨, 생명을 남에 의지하여 연명하게 된다면 단식으로 사바세계를 정리할 생각입니다. 남의 손에 생명을 의지하게 된다는 것은 수행자로서의 삶에 의미 없는 일이기 때문입니다. 저뿐만 아니라 대부분 이런 말들을 합니다만 현실은 어려운 것이 사실이지요.

수행이 진실하지 않았기에 재물에, 지위에 그리고 소유에 헐떡거리다 사액공포를 극복하지 못하고 목숨을 구걸하게 되는 것입니다. 그러나 수행이 진실하였다면 죽음 앞에 당당할 수 있고, 다음세상에는 원력으로 올 수 있는 것입니다.

이기심과 이타심

　부처님의 가르침은 마음을 닦는 공부입니다. 마음은 이타심과 이기심, 이 두 가지를 벗어나지 않는 것입니다. 이러한 마음에서 일어나는 현상을 잘 살펴서 탐진치 삼독심의 이기심을 걷어내고 이웃을 행복하게 하는 마음인 이타심과 자비심을 증장시키는 것이 수행입니다.

　부처님의 가르침뿐만 아니라 어느 종교 어떤 성자의 가르침이든 자기 자신만 아는 이기심을 버리고 이웃을 행복하게 하는 이타심을 기르라고 가르치고 있습니다. 그만큼 중생이 이타심, 자비심, 연민심을 일으키기가 힘들다는 이야기도 됩니다. 하지만 과학적으로도 밝혀졌듯이 우리가 이타심을 일으키고 이타적인 행동을 하면 보다 건강한 삶을 누릴 수 있습니다. 이타심과 자비심이 일어나면 뇌에서 몸을 이롭게 하는 좋은 신경전달물질이 각 장기로 보내져 우리가 더 건강해진다고 합니다. 여성들의 경우에도 아이를 낳지 않은 이보다 아이를 낳아 기르는 이들이 더 건강하다고 합니다. 그것은 아이를 낳고 기르면서 아이에 대한 사랑이 몸과 마음을 더 건강하게 만들기 때문이라고 합니다. 어린이들도 반려동물을 기르면 사랑하는 마음, 자비의 마음이 일어나 어린이의 정서에 더 좋은 영향을 끼친다고 합니다.

불교에 수행법이 매우 많습니다. 어느 수행법이든 우열은 없습니다. 다른 수행법보다 더 낮거나 더 못한 수행법은 없습니다. 다만 어떤 수행을 하든 그 바탕에 이타심이 있어야 합니다. 그러나 현실은 많은 분들이 이기심을 짊어진 채 수행하고, 결국에는 오래가지 못합니다. 설사 '한 소식'을 했다 하더라도 무언가 부족한 허전함이 느껴지는 것입니다. 이기심이 소멸해 가는 것이 공부가 익어가는 것이며, 이기심이 녹을수록 이타심은 커집니다. 처음에는 거칠었던 이타심이 점점 치밀해지고 섬세해집니다.

일상생활 속에서도 이타심을 실천한다면 복과 지혜를 닦게 될 것이고, 나 자신은 물론이요 모든 이들을 행복으로 이끌게 될 것입니다. 호수에 작은 돌멩이 하나 던지면 온 호수에 파문이 퍼지듯, 마음의 세계도 모든 생명체와 연결되어 있기 때문에 좋은 마음이든 거친 마음이든 한 번 일으킨 마음은 온 우주로 퍼져나갑니다. 마음을 열고 이타심을 지니고 염하는 "나무아미타불" 열 번이 사바세계를 극락세계로 일구는 진언입니다.

인연

화단 정리하면서 만난 고소.

이 아이가 어떻게 여기까지 와 자랄까요?

고소 텃밭은 저 멀리 있는데

씨앗이 신발에 묻어 떨어졌을까요?

옷에 묻어 떨어졌을까요?

빗물에 여기까지 떠 내려와 자리 잡았을까요?

씨앗은 떨어졌고

물과 온도라는 조건 만나

옹색하고 불편한 자리지만

뿌리내리고 사는 것입니다.

우리는 열심히 사는데 왜 가시밭길일까요?
씨앗(원인)이 있겠지요. 금생이 아니면 전생이라도.
모든 존재와 형상은 씨앗^{種子}이 조건^{條件}을 만나
펼쳐지는 것이 사바세계의 진리입니다.

그러나 중생은 없으면 비굴해지기 쉽고
있으면 거만해지기 쉽고, 또 그렇게 생긴 업은
모두 인연 따라 어김없이 만나고 흩어지곤 합니다.

옛 어른스님이 일러줍니다.
"보리심을 지니고 수행하라."
이것이 비굴한 마음과 거만한 마음을 정리하며
청정한 선업^{善業}을 닦는 길이며
더 나아가 극락세계 왕생하는 씨앗이 된다고.

근고청중 謹告淸衆

근고청중	謹告淸衆
생사사대	生死事大
무상신속	無常迅速
촌음가석	寸陰可惜
신물방일	愼勿放逸

근고청중은 청화 큰스님께서 중생제도의 원력으로 태안사에 오셔 손수 페인트로 철판에 써서 일주문 근처에 세워 놓았던 글귀입니다. 몇 년 전까지만 해도 태안사에 가면 볼 수 있었고, 지금도 큰스님 글씨는 아니지만 성륜사 일주문 근처에 근고청중의 글귀가 새겨져 있습니다. 뜻을 풀이하면 이렇습니다.

간곡히 대중님들께 고하니
태어나고 죽는 일이 가장 큰일이다.
모든 것은 신속히 변하니
적은 시간이라도 아끼며
삼가 헛되이 보내지 말라.

얼마 전 도반스님 병문안을 다녀오며, 나고 죽는 일이 큰일이지만 그 중에서도 죽는 일이 가장 큰일이구나 하는 생각이 절실하게 들었습니다. 출가사문은 홀로 사는 길이기에 떠날 적에 깔끔해야 하는데, 병들어 누워 있는 것보다 허망한 일은 없습니다. 우리가 잘 죽기 위해 계행도 청정하게 해야 하는 것이고 법답게 살아야 하는 것입니다. 하지만 뜻과는 달리, 병고에 근념 하는 사문을 종종 보게 됩니다.

의학적으로는 병명이 있지만, 불교적 관점에서는 업, 다겁생의 잘못된 행위가 쌓여서 그 결과가 나온 것입니다. 다겁생의 뿌리 깊은 망상을 뽑아내야 떠날 적에 순하게 떠날 수 있습니다. 우리는 잘 죽기 위해 수행하는 것입니다. 수행이라는 것은 출가사문이나 재가불자나 생명이 다할 때까지 부지런히 닦아야 하는 업입니다. 어설픈 살림살이로 다했다고 덤벙거리며 세월을 보내거나, 먹고 노는 데 정신 팔리다 보면 말년에 힘든 것이 사바세계의 이치입니다.

　무주선원에 인연 맺으신 법우님들, 부디 촌음을 아껴 보배와 같은 부처님 명호 "나무아미타불" 염불 이어나가 목숨이 다할 적에 모든 업장 소멸되어 아미타 부처님을 뵙고 극락세계에 왕생하기를 원하옵니다.

부처님 공부

얼마 전 반연 있는 거사분이 찾아왔습니다. 젊은 시절부터 불교와 인연 맺은 분인데 이제 나이 50이 넘어가니 공부를 하고 싶다고 합니다. 그러면서 외장하드를 가져와 청화 큰스님 자료를 담아달라기에 담아 주었습니다. 이 공부가 어려운 이유는 열심히 가르치면 말 잘 하는 변사는 만들 수 있어도 마음 깨치는 수행자 만들기는 힘들기 때문이겠지요.

수행은 정진하겠다는 마음이 스스로 일어나야 하는 것입니다. 그러나 이런 마음도 깊이 사무친 마음이어야 합니다. 겉딱지 같은 마음, 제6식에서 일어난 마음이라면 며칠이나 몇 년 못 가는 것이지요. 저 깊은 의식에서 이런 마음이 일어나야 하는데, 깊은 의식은 전생에서 기인한 것이라, 전생의 원력이나 습관이 아니면 힘들지요.

정진하고 싶다는 마음이 일어났더라도 정견 을 갖추고 정진해야 합니다. 그러나 계행 과 해오 를 무시하고 "깨닫기만 하면 된다."고 하는 수행은 허울뿐인 수행입니다. 과정은 무시하고 결과만 좇으면 사도 라는 것입니다. 정견의 내용은 간단하지만, 이를 마음속으로 받아들이는 데는 다겁생이 필요합니다. 상좌부 불교에 정견은 사성제를 말하지만, 대승 불교에서 정견은 보리심 입니다. 바늘구멍을 수없이 통과하여 위없는 마음, 맨 꼭대기에 있는 마음, '보리심'을 지니고 정진하는 거룩한 삶까지는 다겁생이 걸립니다. 이를 통찰한다면, 중생의 삶, 털 없이 옷 입고 사는 짐승의 삶을 벗어나기가 얼마나 힘든가를 알게 됩니다. 생명 있는 모든 존재들이 이기심과 탐심, 인색함을 벗어나 보리심을 발 하여 극락세계 왕생하기를 아미타 부처님 전에 기원합니다.

원왕생원왕생　　　願往生　願往生

원생화장연화계　　　願生華藏蓮花界

자타일시성불도　　　自他一時成佛道

극락세계에 태어나기를 원하옵고 원하옵니다.

원하옵나니 모두가 꽃과 연꽃으로 장엄된 세계에 태어나

일시에 모두 성불하기를 원하옵니다.

염불행자

염불수행의
첫 번째는
목숨이 다할 때까지 "나무아미타불"을 염송하겠다는
원력을 세우는 것입니다.
이런 분을 염불행자, 미타행자라고 합니다.
이 원력만으로도 절반은 이룬 것입니다.

염불이 아니더라도 한 가지 법을 선택하여
목숨이 다할 때까지 이어가겠다는 원력을 세워야 합니다.
지장행자, 천수행자, 법화행자, 진언행자 등
어떤 법이든 한 가지 법에 온 삶을 거는 분을 행자라 합니다.

일평생을 바쳐도 부족한 공부
한눈팔아서는 안 됩니다.
원력이 굳건해지면 한눈팔고 싶어도 팔리지 않습니다.

두 번째는
염불로 일체중생을 이익 되게 하겠다는
원력을 세우는 것입니다.
일체중생에게 이익이 되겠다는 원력이
가장 인간적인 원력이며 대승불교의 정수이며
시방삼세 부처님과 모든 보살님들의 원력입니다.

일체중생을 이익 되게 할 수단, 방편으로
염불, 진언, 간경 같은 수행법이 필요한 것입니다.
법을 위한 법, 법집은 또 하나의 장애일 뿐입니다.

이 원력만으로도 갈등과 분노,
아집의 가시덤불을 벗어나
성불의 고속도로에 올라온 것입니다.

이 원력을 굳건히 가꾸어 나가면

계·정·혜 삼학이 갖추어지며
나무아미타불 한 번에 일체중생이 이익 되고
관세음보살, 지장보살 한 번에 일체중생이 이익 됩니다.

이 두 가지 원력을 늘 잊지 않고
비가 오나 눈이 오나 가슴에 품고
사바세계의 존재와 현상을 용서하고 배려하며
사바세계의 뭇 생명을 연민하는 마음으로 사유하며
"나무아미타불" 염불 지어가면서
무소의 외뿔처럼 마음의 고향으로 갑니다.

원하옵나니 저의 생명 다하도록 다른 생각 없이
오로지 아미타 부처님 모습 따라
마음마음을 항상 옥호광명에 두며
생각생각마다 금색상호 여의지 아니하겠습니다.

원아진생무별념　　　願我盡生無別念
아미타불독상수　　　阿彌陀佛獨相隨
심심상계옥호광　　　心心常係玉豪光
염념불리금색상　　　念念不離金色相

관상觀想수행

어떤 분이 쌀장사를 하는데 쌀 한 가마니조차 제대로 들지 못했습니다. 예전에는 쌀가마니를 볏짚으로 만들었는데 한 가마니가 80㎏이 나갔지요. 이분은 자신의 방문 앞에 쌀 한 가마니를 가져도 놓고 오고갈 적마다 그 쌀가마니를 번쩍 들어 올리는 모습을 마음속으로 상상했습니다. 그러던 어느 날 이제 되었다 싶은 생각이 들어 80㎏ 나가는 쌀가마니를 들어보니 번쩍 들리더랍니다. 그 후로는 쌀 한 가마니를 드는 데 별로 힘들지 않았다고 합니다.

또 어떤 분은 지금은 연세가 80이 넘었는데, 예전 학창 시절에 군 에서 열리는 달리기 대회에서 항상 1등을 했다고 합니다. 그래서 어떻게 그렇게 달리기를 잘 했느냐고 물어보았습니다. 시합 전날 잠들기 전에 자신이 달리기를 하면서 한 사람 제치며 앞으로 나가고 또 한 사람 제치고 앞으로 나가 결국 우승하는 모습을 상상하고 잠들었다고 합니다. 그리고 다음 날 달리기를 하면 전날 상상한 대로 우승했다고 합니다. 요즘 체육선수들이 하는 이미지 훈련을 그 시절 누가 가르쳐주지도 않았는데 스스로 한 것이지요.

바라는 현상을 상상하여 마음에 이미지를 심고 현실적인 이익을 추구하는 것이 한때 유행했던 마인드컨트롤이고, 절집에서 말하는 관상(觀想)수행입니다. 염불수행에서도 관상(觀像)염불과 관상(觀想)염불이 있는데, 관상수행의 대표적인 경전이 무량수불(無量壽佛)을 관상하는 『관무량수경(觀無量壽經)』입니다. 염불수행도 부처님의 명호를 염(念)하며 관(관상)하며 부처님의 마음과 행위를 닮아가는 것입니다.

현재 우리나라 수행 풍토에 관상수행은 드물지만 제가 하는 수행이 관상수행입니다. 법당에서 염불할 적에는 아미타불의 무량한 빛을 관상하고 그 무량한 빛을 온 우주에 방사하면서 "나무아미타불"을 염합니다. 좌선할 적에는 허리를 곧추세우고 앉아 마음을 열고 가슴과 손으로 일체중생을 품으며 들숨을 쉬고, 날숨에 일체중생에게 마음의 빛, 자비심을 방사하는 것을 관상합니다. 그리고 고통받는 중생 낱낱을 자비심으로 어루만져주는 것을 관상합니다. 시장을 가든 버스를 타든 사람이 많이 모인 곳에서도 그 사람들을 모두 가슴과 손으로 품으며 자비심으로 어루만지는 모습을 관상하는 습관을 들이면 어디서든 자연스럽게 할 수 있는 수행입니다.

물론 자기 몸의 아픈 부위도 자비심을 일으켜 어루만지는 것을 관상할 수 있습니다. 제 경험으로는 완치된 적도 있고 절반 정도 효과를 본 적도 있습니다. 아마 스스로 해보면 그 효과를 잘 체험할 수 있을 것입니다. 무거운 쌀가마니 들기나 달리기 혹은 아픈 부위 관상 정도는 그리 어렵지 않은 일입니다. 하지만 업장을 녹이며 자비심을 일으키고 그 자비심을 일체중생에게 회향하는 일은 평생 하여도 부족한 것입니다.

수행의 근본은 탐·진·치 삼독심을 소멸시키는 데 있습니다. 삼독심이 소멸되면 소멸된 만큼 순수한 마음, 즉 보리심과 자비심이 드러나게 되고, 수행이 깊어질수록 자비심은 더욱 커집니다. 다겁생의 뿌리 깊은 삼독심을 소멸하는 수행법은 각자의 기질과 인연에 따라 다른 것이 당연한 일입니다. 티베트 경전에 이르기를, "사람들의 수행법이 거푸집에서 찍어내듯이 똑같을 수는 없다."고 합니다.

자비심을 관상하는 수행은 삼독심을 녹이는 좋은 수행법이고 과학적으로도 증명되는 수행이며 먼저 자신에게 이익을 주어 일체중생에게 이익을 주는 수행입니다.

하지 말아야 할 것과 해야 할 것

밖에서나 안에서나 세월(법랍과 나이)과 인격은 정비례해야 말년이 행복합니다. 수행에서도 필수 조건이지만 세속에 살아가면서도 꼭 지켜야 할 덕목이 있습니다.

하지 말아야 할 것으로 첫 번째가 화를 내는 것입니다. 경전에도 화는 모든 공덕을 태우며 수명이 짧아진다고 하였고, 서양 의학에서도 화를 낼 적에는 피가 혼탁해진다고 합니다. 한마디로 몸과 마음을 탈진시키는 것입니다. 화가 올라올 적에는 숨을 고르거나 염불을 하거나 절을 해서 녹여야 합니다. 화의 특효약은 절 수행입니다

두 번째는 과식하는 일입니다. 과식은 의학적으로도 나쁘다고 하지만 호흡을 해보면 알 수 있습니다. 과식은 몸의 모든 기능을 저하시키는데 특히 저녁의 과식은 다음 날 아침까지

몸에 무리가 되는 것을 알 수 있습니다. 절집에서 오후불식이나 약식을 권하는 것도 건강하게 수행하기 위함입니다.

다음으로는 사람을 업신여기는 일입니다. 사람뿐만 아니라 짐승까지도 업신여기지 말아야 합니다. 중생의 속성이 가진 자에게는 고개를 숙이고 없는 자에게는 무시하거나 업신여기지요. 아마도 이것은 중생계에 보편적인 현상일 것입니다. 그러나 사람을 업신여겼을 때 받는 과보는 멀리 볼 것도 없이 지금 구치소에 방부를 들이고 뉴스에 매일 등장하는 사람들을 보면 잘 알 수 있습니다. 제가 보기에는, 사람이나 짐승을 업신여기는 과보가 제일 무겁다고 생각됩니다. 경전에도 모든 중생을 평등심으로 대하라고 했습니다.

그리고 반드시 해야 할 일이 있습니다. 그것은 보시입니다. 초기경전에도 부처님께서 보시를 강조하신 대목이 수없이 많고, 대승의 육바라밀 가운데 첫 번째 바라밀이 보시입니다. 마음으로 몸(재능)으로 재물로 자신에게 있는 것을 회향하며 사는 것이 건강하게 행복하게 사는 비결입니다. 흔히 자신이 도와준 사람에게 보답을 바라지만, 세상 이치가 내가 A에게 베풀면 A는 B를 돕고, B는 C에게 베풀고, C가 나를 도와주는 것입니다.

떨어진 잡초 씨앗이 언젠가 싹이 나듯 보시 공덕은 언젠가 돌아오는 것입니다. 악업을 행하면 나쁜 과보가 있는 것이고, 선업을 행하면 좋은 과보가 있는 것이 만고의 진리입니다.

선업을 짓는 것이 수행이고, 깨달음은 인격의 완성입니다.

염불하는 마음

염불, 부처님의 명호를 칭명하는 염불은
대원본존 지장보살도 좋고 천수천안 관세음보살도 좋고
나무본사 아미타불도 다 좋습니다.

"다만" 부처님의 명호를 칭명하면서
용서하는 마음으로 부처님 명호를 불러야 합니다.
마음을 열면서 부처님 명호를 불러야 합니다.
"나" 없음을 관조하면서 부처님 명호를 불러야 합니다.

자기중심적인 마음이 아닌
전체를 하나로 보는 마음으로 부처님 명호를 불러야 합니다.
허공 같은 마음으로 부처님 명호를 불러야 합니다.

일체중생을 연민 하는 마음으로
부처님 명호를 칭명하여야 합니다.

부처님 명호를 칭명하면 일체중생에게
연민하는 마음이 일어나야 합니다.
이 마음이 불보살님 마음과 똑같은 마음이기 때문입니다.

이 연민하는 마음이 나와 일체중생의
업을 녹일 수 있는 유일한 방법입니다.

연민하는 마음으로 부처님 명호를 칭명하는
공덕은 헤아릴 수가 없습니다.

가치 있는 일

세상 살면서 가장 가치 있는 일은 마음공부하는 것과 나무 심는 일이라고 생각합니다. 유럽의 어느 척박한 곳에서 양치기 처사님이 강아지와 살면서 평생토록 상수리나무를 심었습니다. 결국 그 척박한 곳은 새와 각종 들짐승이 뛰어노는 거대한 상수리나무 숲이 되었다고 합니다.

저도 어느 도량에 머물든 가는 곳마다 꽃과 나무를 심고 텃밭을 일구었습니다.

순천 송광사에 살 적에도 여러 종류의 나무를 곳곳에 심었습니다. 10여 년 만에 동안거를 지내려고 송광사에 갔습니다. 매표소에 근무하는 처사님이 저를 기억하면서 "스님, 스님이 심어놓은 매표소 옆 자귀나무에서 여름 내내 꽃이 얼마나 곱게 피는지 모릅니다." 하고 감탄을 합니다. 그 자귀나무를 처음 심을 적에는 가느다란 막대기 같았는데 이제는 제법 굵어졌더군요. 자귀나무는 여름 내내 매표소를 지나가는 사람들에게 화려한 꽃을 보이며 무언의 법문을 하고 있었습니다.

자성원 시절에도 각종 나무를 심었는데 차나무 묘목을 3,000여 주 심고 아기 키우듯 돌봤습니다. 그걸 본 어떤 스님이 "스님, 4년만 살다 떠날 텐데 왜 그리 애써가며 기르십니까?" 하기에 "예, 지금 심어 놓고 가꾸어 놓으면 나중에 아무나 와서 따먹으면 되지요." 하고 대답했습니다. 지금도 가끔 자성원에 가보면 차밭이 제법 운치 있습니다. 그리고 봄이면 그 차나무에서 딴 잎으로 덖은 차라면서 햇차를 보내주기도 합니다.

옛 어른스님들은 다들 그렇게 계산 안 하고 사셨습니다. 남원 실상사 시절에 사찰에 감나무가 많아 덕을 많이 보았습니다. 감나무에도 일찍 따먹는 나무와 늦게 따먹는 나무가 있는데 골고루 잘 섞여 있었습니다. 그래서 가을 내내 감을 따서 나누어 먹을 수 있었습니다. 어느 분이 심어 놓았는지 모르지만 그 덕을 보는 입장에서 그저 감사할 뿐이었습니다. 그 후로는 저도 꼭 도량에 감나무를 심어 놓습니다. 나무는 사람이 계산할 수 없는 이익을 일체중생에게 베풀고 있습니다.

제가 선원의 이름에 동산 원園 자를 고집하는 것은 이곳에 각종 꽃나무를 심고 텃밭을 일구며 정진하는 가풍을 만들겠다는 의지를 나타낸 것입니다. 어제 장에 가서 묘목 몇 주를 사다가 토굴 앞에 심었습니다. 터가 좁기도 하고 기존 나무도 있어서 몇 그루만 심었는데 어린 감나무를 보니 벌써부터 배가 든든합니다.

인간답게 살아보세

사바세계의 모든 갈등의 원인은 이익다툼입니다.

이익다툼에 골몰하다 보면 자신이 인간임을 잊고 짐승처럼 살아가게 됩니다.

부처님 공부란 "한 번 인간답게 살아보자."는 것입니다.

가장 인간다운 모습이 관세음보살이라 생각하고

법당에도 주불로 관세음보살 한 분 모시고

제 처소에도 항상 관세음보살 사진을 걸어놓고 지냅니다.

사바세계에 어렵게 와서 이익다툼만 하다 가기는 억울하지 않습니까?

그러나 잠시 돌아보면 모두가 고마운 존재입니다.
기름 한 방울이 내 차에 들어오기까지
얼마나 많은 중생들의 수고로움이 있었겠습니까?
한 공기의 밥, 조금의 음식이 내 입에 오기까지
얼마나 많은 중생들의 수고로움이 있었겠습니까?

그들을 위해서 하루 20분만이라도
공양 올리는 마음으로 "나무아미타불" 염송하는 일
그들을 위해서 하루 20분만이라도
은혜에 보답하는 마음으로 경전을 독송하는 일

그들을 위해서 하루 20분만이라도
108배로 참회하는 일
그들을 위해서 하루 20분만이라도
좌선하는 일

하루 일과 중 20분만이라도 마음 내는 것이
어렵다면 어렵고, 쉽다면 쉽습니다.
그러나 사람 몸 받은 최소한의 양심입니다.

자식 농사

　송광사 시절 봄부터 가을까지 제비의 삶을 관찰할 기회가
있었습니다. 해청당이라는 건물에서 이른 봄부터 부부 제비
가 집을 짓고 알을 낳아 새끼를 기르고, 그 새끼들이 다 커서
날아가는 과정을 지켜보았지요. 처음 알 다섯 개를 낳아 기르
는데, 부부 제비가 하루 종일 날아다니며 먹이를 물고 오는 양
이 상당한 것 같았습니다. 알에서 부화된 제비 새끼들은 하루
가 다르게 커갔습니다. 새끼들은 어미가 해청당 근처에만 있
어도 일제히 짹짹거리며 입을 벌렸습니다. 다섯 마리가 한꺼
번에 입을 벌리는데 어미는 어떻게 순서대로 잘 먹이는지도
궁금했지요. 비 오는 날은 먹이가 없어 배고프다고 보채며 짹
짹거리는 새끼들을 어미 제비가 가만히 바라보는 모습도 지
켜보았습니다. 그 모습이 마치 배곯고 있는 자식을 바라보는

부모 같아 마음이 짠하기도 했지요.

그러던 어느 날 새끼 제비들이 집에서 나와 몇 번 푸드득하더니 그만 다 날아가는 것입니다. 나 잘났다고 내 날개로 날아가면 그만이고, 그동안 새끼 키우느라 고생한 부모와 새끼의 인연은 거기서 끝나는 것입니다. 금년에 태어난 새끼 제비들도 다음 해에는 제 부모와 똑같이 알 낳고 새끼 길러 세상으로 보내겠지요.

중생세계가 다 그렇게 돌아가는 것입니다. 옛 어른 말씀에 자식은 은혜를 갚기 위해서도 오고 원수를 갚기 위해서도 온다고 합니다. 그러나 은혜 갚는 자식보다 원수 갚는 자식들이 더 많은 것이 사실입니다.

며칠 전 속가 시절의 친구가 찾아왔습니다. 이 친구는 제가 서울에 처음 올라갔을 때 사귄 친구입니다. 옹색한 자취방에서 생라면 부셔 안주 삼아 함께 소주 마시며 같이 고생한 친구입니다. 찻잔을 사이에 두고 40여 년 만에 마주 앉았는데 친구는 많이 변했지만 그때나 지금이나 저는 별로 변한 것이 없습니다. 저는 40여 년 전에도 혼자 밥 지어 먹었고, 지금도 제 손으로 공양 지어 먹고 있습니다. 변한 게 있다면 삶의 목표가 돈에서 도로 변했고, 지금은 서울이 아닌 제주에서 살 뿐이지요. 돈과 도는 받침 하나 차이지만 참 다른 것입니다. 친구는 가난을 못 이겨 고향 떠나 서울에 빈손으로 올라와 그동안 결혼도 하고 자식 농사도 지어 평범한 삶을 누리고 있었습니다.

스님들도 문중을 벗어나면 홀로서기가 힘들고 세속에서도 빈손으로 객지에서 성공하기가 낙타가 바늘구멍 지나기처럼 어렵습니다. 빈손과 빈 몸으로 할 수 있는 최선의 방법은 성실입니다. 성실하게 가꾸는 삶이 성실한 배우자를 만나게 하고, 성실한 자식을 두게 하는 것이지요. 자식에게 주는 가장 큰 가르침이 부모의 성실한 삶입니다. 아이들도 부모가 성실하게 늘 일하는 것만 보아서 그런지 대기업은 아니지만 다들 직장 잘 다니고 있답니다. 그러면서 적은 봉급에서 조금씩 모아 환갑 맞은 아버지 제주 여행 시켜드린다고 하여 제주에 왔답니다. 풍문에 제가 제주에 있다는 소리를 듣고 비행기에서 내리자마자 왔다는 것입니다.

어릴 적에 보았지만 그 모습이 지금은 기억도 잘 안 나는 아이들이 잘 자랐더군요. 요즘은 대학교를 졸업하고도 직장을 구하지 못한 백수가 지천인데, 제 밥벌이 열심히 하면서 부모 고생도 알아주고 효도 여행도 보내주는 걸 보니, 제가 다 고마웠습니다. 친구는 부인과 함께 아직도 성실하게 꽃농사 짓고 있는데, 자식 덕에 난생처음으로 비행기를 타보는 것이

라더군요. 사바세계에서 열심히 땀 흘려 자식농사 지은 보람이 있는 것입니다. 자식에게 만 원 투자해서 백 원만 돌려받아도 입이 귀에 걸리는 것이 부모의 마음입니다.

세속일이 재미있어도 마지막은 나무아미타불 염불로 회향하기를 권하고, 아이들에게도 부처님 말씀을 공부하라 하였는데 다들 고개를 끄덕입니다. 아! 다들 착하고 착한 보살들입니다.

구업 짓게 하지 말라

예전에 큰절의 노스님께서 젊은 스님들이나 신도들에게 늘하던 말씀이 "구업 짓게 하지 말라."는 것이었습니다. "구업 짓게 하지 말라."는 말은 구업을 지을 원인을 제공하지 말라는 뜻입니다. 흔히들 원인 제공자는 그대로 두고 "구업 짓지말라." 하는데, "보살은 원인을 두려워하고 중생은 과보를 두려워한다."는 경전 말씀과도 일맥상통하는 참으로 지혜로운말씀입니다.

다시 말하면 "구업 짓게 하지 말라."는 말의 뜻은 두 가지입니다. 하나는 남의 오해를 살 만한 일을 하지 말라는 뜻이고, 다른 하나는 나의 거친 행위로 인해 주변 사람들이 구업을짓게 하지 말라는 뜻입니다. 대부분의 사람들은 자신이 원인제공자인 줄 모르고 있고, 또 말을 쉽게 하는 이들은 그것이

구업인 줄을 잘 모르고 있습니다.

부처님 말씀이 아니더라도 출가사문의 경우에도, 남의 허물을 잘 입에 올리지 않는 분이 큰절 소임도 보고 넉넉하지만, 남의 허물 탓하기 좋아하는 분들은 박복하게 지내는 것을 주변에서 왕왕 볼 수 있습니다.

수행의 첫 걸음은 반조^{返照}입니다. 몸^身으로 입^口으로 생각^意으로 짓는 업을 반조하고 살펴 돌이키는 것이 수행입니다. 몸과 입과 생각으로 짓는 세 가지 업^{三業}이 모두 청정해야 극락에 가는 것이고, 삼업의 청정을 도와주는 것이 염불수행입니다.

열 번을 하더라도

열 번을 하더라도 나무본사 아미타불해야 합니다.
열 번을 나무아미타불 하더라도 빈 마음으로 해야 합니다.
열 번을 나무아미타불 하더라도 마음을 열고 해야 합니다.
열 번을 나무아미타불 하더라도 정성을 다해 해야 합니다.
열 번을 나무아미타불 하더라도 마음을 다해 해야 합니다.
열 번을 나무아미타불 하더라도 일체중생에게
회향하는 마음으로 해야 합니다.

목숨이 다할 적에 "나무아미타불" 열 번에
모든 장애가 제거되어 극락세계 왕생하는
보배로운 부처님 명호 아미타불입니다.

10년 기도

예전에 어떤 스님이 출가해서 선방에 앉아 있는데 몸과 마음이 뻑뻑하고, 흔히 하는 말로 되는 일이 없었다고 합니다. 다른 스님이 천일기도를 해보라고 권해서 그 스님은 천일기도를 시작했습니다. 천일기도를 한 번 회향했는데도 별로 변한 것이 없어서 다시 천일기도를 했답니다. 이 스님이 좀 우직한 분이라 그렇게 천일기도를 몇 차례 하다 보니 어느덧 10년이 되었다고 합니다. 10년 기도를 하고 나니 선방에 앉아 있어도 몸과 마음이 순 해지고 스님의 생각대로 좀 이루어지더라는 말을 초심 시절에 들은 적 있습니다.

예전에는 출가사문에게 기도가 기본이고 기초수행이었습니다. 또한 기도가 가장 복 짓는 것이니, 큰일을 하기 전에는 반드시 천일기도를 하라고 어른스님들이 말씀하셨습니다. 무슨 공부를 하든지 간에 한 우물을 파면서 10년은 공부해야 뭔가 조금 나아진다는 말씀도 하셨습니다.

돌아보니 이번 4천일기도를 회향하면 10년 조금 넘는 세월이 됩니다. 이 도량 불사를 하면서 고비고비마다 시주가 들어와 지금까지 이어올 수 있었습니다. 모두 기도의 힘이고 부처님의 가피 덕분이라고 생각합니다.

무주선원의 수입은 기도비와 무통장입금으로 가끔 들어오는 보시금이 전부입니다. 그동안 통장의 출입 내역을 살펴보니 자동차에 기름 5만 원 주유한 날은 5만 원이 입금되고, 시장에 가서 3만 원 쓴 날은 3만 원이 입금되고, 차 좀 손보는 데 20만 원 쓴 날은 20만 원이 입금되곤 했습니다. 그리고 병고에 근념하시는 스님에게 30만 원 공양하려는 날 불전함에서 29만 원이 나올 적에는 저도 깜짝 놀랐습니다.

마치 신장님이 "본연 스님! 돈은 신경 쓰지 말고 정진이나 열심히 하소." 하는 느낌이 들었습니다. 초심 시절에 구참스님에게 들었던 "10년 기도 하니 모든 것이 순해지고 생각대로 좀 이루어진다."는 말이 새삼 다가왔습니다. 가장 큰 덕목은 정직입니다. 저도 법당에서 10년 넘게 정직하게 기도하고 사니 주변 인연이 순해지고 생각대로 이루어지는 것 같습니다.

보조수행

한 가지 수행만 하는 것보다 주 수행을 보조하는 보조수행도 함께하는 것이 더 좋습니다. 예를 들면 긴 다라니를 주 수행으로 하는 분은 짧은 진언을 보조수행으로 하면 서로 장단점을 보완하여 좋은 것입니다.

저도 "나무아미타불"이 주 수행이지만 보조수행으로『금강경』을 독송한 적도 있고, "다냐타 옴 아리다바 사바하" 하고 아미타불 본심미묘진언을 한 적도 있고, 대비주를 한 적도 있습니다. 선원에서 지낼 적에는 염불을 할 수 없으니 노트를 준비해서 "나무아미타불" 사경을 하며 지내기도 하였습니다. 불자라면 소의경전을 하나 선택해서 늘 옆에 두고 독송하는 것도 정견을 세우는 데 좋습니다.

요즘에는 "나무아미타불"을 염송하면서 절을 하고 있습니다. 절 수행도 행자 시절부터 끊이지 않고 해왔는데, 자성원 시절 법당이 너무 더워 "찬 바람 불면 절을 하자." 하고 뒤로 미루고 잊고 지내다가 이번에 다시 시작했습니다.

천천히 또박또박 "나무아미타불"을 염송하면서 부처님께 공양 올리는 마음으로 일 배 일 배 절을 올리니 집중도 잘 되고 신심도 절로 납니다. 행자 시절 틈만 나면 법당에서 절을 하던 초심으로 돌아가는 것 같아서 좋습니다. 절 수행은 108 참회문을 염송하면서는 했어도 "나무아미타불"만 염송하면서 하기는 처음인데 인연이 그렇게 된 모양입니다. 절 수행이든 부처님 명호 염송이든 횟수에 의미를 둘 필요는 없습니다. 초심 시절 신심을 키우기 위해서는 몇 번을 했는지 세었지만, 지금은 천천히 마음을 다해 일 배 일 배 절을 하며 "나무아미타불" 염송을 하고 있습니다.

절 수행을 찬탄하는 글은 많습니다. 티베트에서는 부처님께 올리는 공양 가운데 절 공양이 으뜸이라고 했습니다. 요즘은 일반 사람들도 건강관리 차원에서 날마다 108배를 한다고 하는데, 거기다가 부처님 명호까지 염송한다면 그야말로 금상첨화가 아닐는지요?

먼 길

태안사 행자 시절의 일입니다. 밖에서 곡차 한잔하신 어떤 스님이 객실 마루에 걸터앉아 있습니다. 당시 행자님들의 어머니 같았던 공양주 최 보살님이 "스님, 뭔 술을 그렇게 드셨대요." 하고 말하니, 스님 대답이 "갑갑해서 한잔했어요. 십 년 공부해도 진척이 없네요." 합니다.

언제인가 객승과 차 한잔 마시는데 그 스님이 지나온 일을 말했습니다. 스님은 출가한 뒤 강원에서 1년 공부하고, 일대사 인연을 마치겠다는 각오로 선방에서 5년을 애썼다고 합니다. 그런데 5년 동안 앉아 있어보니 이 공부가 몇 년 만에 마칠 일이 아니라는 생각이 들어, 부처님 말씀을 다시 배우려고 동국대학교에 입학했다고 합니다.

세월이 흘러 주변을 돌아보면 벌써 사바세계를 등진 분도 계시고, 세속으로 되돌아간 분도 계시고, 병고에 힘들어 하는 분도 계시고, 삭발염의는 하였으나 부처님을 잊고 사는 분도 계십니다. 예전이나 지금이나 수행에 애정을 가지고 정진하는 분들은 소수입니다. 저 역시 허리를 곧추세우고 앉아 부처님 명호를 칭념하고 있어서 행복하기는 하지만 삼매까지는 먼 길입니다.

"언하에 문득 깨달았다."는 것은 책에나 있는 말입니다. 현실적으로는 다겁생의 업장을 녹이고 마음을 밝혀 증명하기까지는 참으로 머나먼 길입니다. 그렇기에 힘이 부치는 분들은 도중에 곡차도 한잔하고 한눈도 파는 것이지요. 그런 심정을 저도 십분 이해하기 때문에 지그재그로 가는 분들께 연민의 마음이 일어납니다.

옛 어른스님들께서 평생을 정진하시다 말년에 "나무아미타불"에 귀의하는 까닭은 극락세계 왕생하여 아미타 부처님을 뵙고 마지막 깨달음을 얻겠다는 것이니 참으로 인간적입니다.

아, 먼 길 가는 데에 왕도는 따로 없습니다.

신심을 잃어버리지 않고 꾸준히 하는 것,

많이 하는 것이 중요한 것이 아니라

끝까지 하는 것이 중요한 것입니다.

빛

아미타불을 뜻으로 표현할 적에
무량수불無量壽佛, 무량광불無量光佛이라 합니다.
끝없는 생명의 부처님
끝없는 광명의 부처님

광명진언은 비로자나불毘盧遮那佛 진언입니다.
뜻으로 표현할 적에
부처의 몸에서 나오는 빛과 지혜의 빛이
세상을 두루 비추어 가득하다는 뜻입니다.

진리, 깨달음, 불성, 법신, 마음
표현은 모두 다르지만

종국에는 광명, 빛으로 말합니다.

광명, 빛, 무한한 빛을 관상하면서
하는 것은 염불이든 진언이든 좌선이든
마음의 삼업 을 밝히는 등불이며
어두운 사바세계를 밝히는 빛입니다.

빛, 마음의 빛, 마음의 자비심으로
앉은 자리를 가득 채우고
도량을 가득 채우고
온 우주를 가득 채우고
그 빛으로, 그 마음으로, 그 자비심으로
어렵고 고통받는 척박한 중생들에게 나누어 주십시오.

이 작은 빛, 마음, 자비심이
나를 탐욕에서 벗어나게 하며
도량의 중생들을 탐욕에서 벗어나게 하며
모든 중생이 탐욕에서 벗어나
모두가 극락왕생하는 일입니다.

불신장광 상호무변	佛身長廣 相好無邊
금색광명 변조법계	金色光明 遍照法界
사십팔원 도탈중생	四十八願 度脫衆生
불가설 불가설전 불가설	不可說 不可說傳 不可說

부처님 몸은 크고 광대하여 상호가 끝이 없네.

금색광명으로 온 누리에 가득 비추며

중생들을 마흔여덟 가지 원으로 모두 해탈시키니

그 공덕 가히 말할 수 없으며

전하여 말할 수 없으며 가히 말할 수 없네.

월인 노스님

　　월인 노스님을 저는 한 번도 뵌 적이 없습니다. 다만 들리는 말을 귀동냥하였을 뿐입니다. 청화 큰스님의 소참법문 가운데 당신께서 존경하는 스님이 월인 노스님이라 하시며 그 인연을 말씀해 주셨습니다. 큰스님과 월인 노스님이 처음 만난 것은 큰스님이 사성암에서 정진할 적입니다. 당시에 노스님이 큰스님께 꿀을 보내주셨고, 당신은 고마운 마음에 인사를 드리려고 백설탕 사 가지고 십여 리를 걸어가 노스님이 계시는 함양의 토굴로 찾아가셨다고 합니다. 그 당시에는 백설탕이 귀하고 좋은 선물이었답니다. 그 무렵 노스님께서는 신도 시주 안 받고 사시겠다고 벌을 키웠답니다. 그런데 언젠가 외출하고 돌아와 보니 벌통을 산짐승이 모두 패대기쳐 놓아 그 후로는 벌을 안 키웠다고 합니다.

아무튼 공부 방법은 달라도 두 분은 청정하고 지독스럽게 사는 코드가 맞아 대중 처소에서 함께 정진도 하셨답니다. 그 당시, 월인 노스님이 큰스님께 "청화는 화두 들었으면 진즉에 깨달았네." 하며 안타까워하시는 말씀을 구참스님이 들었다고 합니다.

저의 사형스님이 처음에 월인 스님의 상좌를 하려고 찾아갔다고 합니다. 그런데 월인 노스님께서 당신보다 청화 스님이 더 도인이니 그리로 가라고 하여 저의 사형스님이 되었다고 합니다. 그리고 청화 큰스님께 상좌가 되겠다고 찾아온 이에게는 월인 스님이 당신보다 더 훌륭한 분이니 그리로 가라고 해서, 그분은 월인 스님의 상좌가 되었다고 합니다. 두 스님은 연세는 많이 차이가 나도 서로 상대를 존중하는 사이였던 것으로 생각됩니다.

월인 노스님이 말년에 월명암에 계실 적에 저의 도반스님이 찾아뵈었습니다. 그때 노스님은 쌀쌀한 겨울인데 냉방에 전기장판 하나 깔고 앉아계셨고, 인사드리겠다고 찾아간 젊은 스님은 누비옷을 입었는데도 한기에 몸이 떨렸다고 합니다. 땔나무가 없어 불을 안 때시나 싶어 광에 가보니, 땔나무가 그림처럼 가지런히 정돈되어 있었다고 합니다. 월인 노스님은 말년까지 물 한 방울, 나무 한 토막도 아끼며 정진하셨던 것입니다.

노스님은 일념화두로 정진하다가 말년에 이르러 염불수행으로 바꾸었습니다. 그래서 수좌스님들 사이에 말이 많았었지요. 옛날 어른스님들은 말년에 염불수행으로 회향하는 일이 종종 있었습니다. 젊은 시절 장한 신심으로 돈오돈수하겠다고 애쓰다가 말년에는 한계를 느끼고 극락세계 왕생하여 마지막 깨달음을 얻겠다는 모습이 인간적이지 않습니까? 말세라 해도 알게 모르게 변방에서 이름 없이 애쓰는 스님네들이 있는 것은 사실이고 증오하기가 하늘에 별 따기임을 절감합니다.

노스님은 염불수행도 참 지극하게 하셨다고 합니다. 노스님이 열반하실 적에 시봉한 거사님을 만나 이야기를 들었는데, 스님은 90 연세에 미약한 병환이 있더니 두 달 만에 조용히 열반하셨다고 합니다. 그런데 열반에 드신 그 모습이 너무도 평안해서 주변 사람들이 크게 신심을 일으켰다고 합니다. 화두를 하든 염불을 하든 일생을 청정하게 거짓 없이 정진하며 지내신 분인데 그 공덕이 어디로 가겠습니까?

다만 "나무아미타불"은 마지막에 칭념할 수 있는 부처님 명호이자 진언입니다. 108 참회문에도 맨 마지막에 등장하는 부처님 명호이며, 『천수경』에서도 보살님 명호의 마지막에는

"나무본사 아미타불"이 등장합니다. 중생이기에 바로 질러가지 못하고 먼 길을 돌고 돌아 마지막에 가서야 아미타 부처님께 정토淨土로 귀의하는 것입니다.

4장

정성스런
나무아미타불 속에
모두
있습니다

중생이 염하는 "나무아미타불" 한 번은

우주를 정화시키는 진언이자

부처님의 마음입니다.

염불삼매

　수행을 통하여 중생의 마음속에 티끌보다 더 작은 미세 망념까지 남김이 없을 적에 삼매라고 하는 것입니다. 삼매의 종류도 많고 삼매 방법도 많으나 염불수행이 가장 빨리 삼매에 들 수 있다고 하고 염불삼매가 가장 수승하다고 하여 보배가운데 으뜸, 보왕삼매(寶王三昧)라고 하는 것입니다.

　흔히 화두를 '타파했다' '깨달았다' 해도 마음으로 헐떡거리고 몸으로 증명을 못하는 것은 생각(想)으로 깨달았다는 것이고 삼매를 통해 깊은 의식, 제8 아뢰아식까지 정화되면 마땅히 몸과 마음으로 증명되며 삼매의 무량한 공덕으로 중생들에게 회향하는 것입니다.

　삼매에 들어가는 첫 관문이 염념상속(念念相續)입니다. 염불을 하든 진언을 하든 좌선을 하든 염념상속이 되어야 하고 염념상속도 깊이가 있지요. 흔히 잘 알려진 성철 큰스님의 법문 가운데 동정일여動靜一如, 몽중일여夢中一如, 숙면일여熟眠一如 법문도 염념상속의 깊이로 이해하시면 됩니다.

염념상속이 되기 위해서는 나옹懶翁 스님은 인욕의 갑옷을 입고 부단히 노력하라고 하셨고, 인광印光 대사께서는 불에 기름을 붓듯이 용맹스럽게 정진하라고 하셨고, 금타金陀 스님께서는 가행정진의 공덕으로 이룰 수 있다고 하셨습니다.

염념상속이 되기만 하면 시절인연만 기다리면 된다고 하신 나옹 스님 글도 있고, 아침에 관세음보살 하고 저녁에 관세음보살 하다 보면 24시간 관세음보살과 한 덩어리가 되어서 마지막은 삼매에 든다는 금타 스님 법문도 있고, 삼매에 들어가는 과정을 자세히 일러준 글이 『금강심론』금강삼매송에 있습니다.

염념상속이 깊어지면 무간정無間定, 빈틈이 없는 선정에 들며 마지막에 온몸이 자마금색紫磨金色으로 변하여 깊은 삼매에 들어간다고 합니다. 사람이 일생에 가장 즐거운 일을 당할 적에 얼굴이 보라색으로 변한다고 하는데 제 소견으로는 삼매란 즐거움의 극치이며 이것으로 다겁생의 잘못된 업장을 녹이며, 지극히 즐거운 세계, 극락세계라는 삼매를 이야기하지 않나 하는 생각이며 저 개인적으로도 좌선이나 염불을 하면

즐겁습니다.

삼매의 여담은 많습니다. 수월 스님께서 일을 하면서도 삼매에 들어 물레방아 방앗공이 아래에 머리를 넣어도 방앗공이가 내려치지를 않았다는 이야기, 주력하시는 분이 삼매에 들어 진언을 하니 등잔불이 보름이나 갔다는 이야기는 삼매의 불가사의를 이야기합니다. 또 『청정도론』에 이르기를, 움막에서 정진하시는 스님이 있었는데 마을사람들은 평범하게 보았으나 움막에 불이나 마을사람들은 스님이 타 죽었을 것으로 생각했으나 불구덩이 속에서도 스님은 멀쩡하기에 아라한과를 얻은 성자로 확인하고 추앙했다는 이야기도 있습니다.

염념상속! 늘 나무아미타불을 염송하시며 인욕의 갑옷을 입고 부단히 정진하시어 금생에 꼭 염불삼매 이루시길 기원합니다.

망상 떨어뜨리기

어린 시절 지독한 가난으로 학교 앞에서 파는 간식거리를 눈으로만 보고 다녔습니다. 그 간식 가운데 가장 오랫동안 먹고 싶었던 것은 펄펄 끓는 솥에서 긴 꼬챙이에 꿴 어묵을 간장에 찍어 먹는 것이었습니다. 겨울에도 변변치 않은 옷과 고무신 신고 다닐 시절인지라 어린 마음에 바라보고 침만 삼킬 뿐이었지요.

어릴 적에 "먹고 싶다."고 각인된 한 생각이 깊은 의식에 저장되어 있다가 어느 날 인연이 도래하면 펼쳐지는 것입니다. 월출산 상견성암 시절 보름에 한 번 삭발 목욕하러 내려갔습니다. 가는 길에 온천탕 앞에서 어묵 파는 집이 있었지요. 보름에 한 번 그 옛날 못 먹었던 한을 푸는 즐거운 날이었습니다. 그 후 자성원 시절에도 일 년에 서너 번 다니는 살록도로에 봉고차에서 솥 걸어놓고 어묵과 커피를 파는 곳이 있는데, 지나갈 적마다 차를 세우고 맛있는 어묵을 사먹었습니다.

무주선원에 와서 애월 바닷가로 가끔 드라이브 나가는데, 그곳에도 역시 봉고차에서 어묵 팔고 컵라면, 커피 파는 곳이 있습니다. 차를 세우고 가보니 주인장 얼굴이 박복한 상이었습니다. 박복한 사람이 만든 음식은 맛이 없습니다. 결국 어묵 망상은 여기서 끝났습니다.

예전에 어떤 스님과 차담을 하면서 이런 망상과 관련된 이야기를 한 적 있습니다. 그 스님은 대학 졸업하자마자 출가를 해서 안 해본 것이 많은데, 가장 해보고 싶은 일이 포장마차에서 소주 한잔하는 거라고 했습니다. 저녁에 어스름한 호롱불 아래에서 이런저런 이야기를 하며 소주 한잔 나누는 사람들이 참 부럽더라는 겁니다. 그래서 그 스님에게 츄리닝 입고 모자 쓰고 밤에 한번 가보라고 했습니다. 하지만 율사파 스님은 마음속에 생각은 있지만 행동으로 이어지지는 않았습니다. 이 망상도 끝이 나려면 언젠가는 한번 해보아야 합니다.

어묵이나 소주에 대한 망상은 사실 애교 수준이지요. 어떤 스님은 고아로 자랐기 때문에 늘 마음속에 따뜻한 가정을 그리워하다가 바람결에 속퇴하고 결혼했다는 말을 들었습니다. 10여 년이 지난 뒤에 그 스님이 다시 출가했다는 소식도 들었고요. 이 정도 되는 망상은 당대에 끝날 수 있습니다.

흔히 하는 말로, 욕망 중에 가장 마지막에 떨어지는 것이 명예욕이라고 합니다. 이런 망상은 한두 생으로는 떨어지지 못하고 다겁생이 걸리지요. 당대에 자리와 권력에 골몰하는 이들은 금생이나 다음 생에도 "수행할 인연은 없다."고 하면 단견이지만 "거의 희박하다."고 하면 맞습니다.

무수한 바늘구멍을 통과하여 온전한 비구가 되는 것도 몇 생이 걸리는 일입니다. 그렇기에 우리가 전부인 양 집착하고 애착하는 것은 모두 꿈 같이 허깨비 같이 물거품 같이 그림자 같이 보아야 하는 것입니다. 하지만 어리석은 중생이기에 말로 배워서는 안 되고, 스스로 겪어보고 깨져보아야 망상이 소멸하는 것입니다. 꿈 같고 허깨비 같고 물거품 같고 그림자 같다는 여몽환포영 다섯 글자 깨치는 데 다겁생의 세월이 필요한 것입니다.

이런 사실을 통찰할 적에 단 10분의 수행도 얼마나 소중한 인연인 줄 알게 됩니다. 또한 많고 적고 더럽고 깨끗하고 높고 낮은 업의 시비를 놓고 시궁창에서 밥그릇 투쟁하는 이들에게 연민하는 마음이 일어나는 것입니다. 대승불교의 골수인 "일체중생을 위하여 발원하라."는 가르침은 일체중생의 업을 읽고 일체중생에 연민하는 마음이 일어나야 체득할 수 있는 것입니다.

 아, "나무아미타불." 끝없는 윤회 속에서 금생을 마지막으로 보내려는 이가 찬탄하는 부처님 명호이자 진실한 말ㅁ입니다.

염불은 오래오래 하시어야 합니다

염불은 오래오래 하시어야 합니다.

얼굴이 바뀌었다, 생각이 들 정도로는 하시어야 합니다.

그러나 얼굴은 쉬이 바뀌기에 수도 없이

얼굴에서 탐욕과 아집을 깎아내도록 하시어야 합니다.

얼굴이 바뀌었다, 하는 것은 내 마음도 변했고

운명도 변했다는 것입니다.

염불이 깊어지어 얼굴이 바뀌고 생각이 바뀌고

마음이 바뀌고 운명이 바뀌면 매사에 정성스럽습니다.

염불은 물론이거니와

풀 뽑고 설거지하고 신발 벗어놓고

하루 일과, 말하고, 혼자 있고,

울력하며(勞力) 고요함(靜)에
조심과 정성이 들어갑니다.
어묵동정에 거짓이 없습니다.

깨달음(삼매)은 하늘에서 내는 것입니다.
공부인은 다만 순간, 하루, 한 철, 십 년, 일생을 바쳐
다할 뿐입니다.

구족九族이 승천昇天하는 나무아미타불

태안사에서 행자 생활을 시작하는 첫날부터 "나무아미타불" 염불을 했습니다. 나무아미타불을 염 하면서 꿈에 돌아가신 먼 친척부터 한두 분씩 찾아오기 시작했습니다.

마치 TV 화면에 증명사진을 한 장씩 붙이듯 나타났는데, 나중에는 화면이 작은 증명사진들로 꽉 찼습니다. 사형스님에게 이 이야기를 하니, 조상 천도재를 지내라고 합니다. 그당시 주머니 사정도 여의치 않아서 천도재는 지내지 못하고 염불만 꾸준히 했습니다. 그러다가 송광사에서 강원 다니던 시절 어느 날 갑자기 화면이 싹 지워지는 것이었습니다. 집안에 출가자 한 명 나오면 구족 이 승천 한다는 말이 이해가되었습니다.

세월이 흘러 서울 광륜사에 청화 큰스님이 계실 적에 속가 누님이 난 화분을 들고 찾아와 큰스님께 인사를 드린 일이 있습니다. 당시 큰스님께서 속가 누님에게 소참법문으로 "집안에 출가자가 나오면 구족이 승천한다."는 말씀을 하셨습니다. 당신께서는 의미 있고 꼭 맞는 말씀을 하시는 분이었는데 말입니다.

큰스님께서 언제인가 지나가는 말로, 천도재를 할 때 "나무아미타불" 염불을 하면 영가들이 좋아서 뛰는데 머리가 대들보에 닿을 정도로 환희용약한다는 말씀도 하셨습니다.

염불 수행은 방법은 단순하지만 제대로 행하기는 어렵습니다. 정성을 다한 "나무아미타불" 염불이 생명이 있는 모든 존재를 행복으로 이끌고 구족을 승천하게 하며 유주무주 고혼을 승천시킵니다.

묵묵한 정진

가끔 수행하는 데 집중도 잘 안 되고 자꾸 나태해진다고 하소연하는 분들이 많습니다. 그러나 출가사문도 다겁생의 업을 쉽게 이기고 순풍에 돛 단 듯 그렇게 수월하게 하지는 못합니다.

저 역시 망상 속에서 염불하는 것이고 나태함 속에서 정진하고 있습니다. 그러나 망상과 나태와 싸울 필요는 없습니다. 망상과 나태에 대한 시비를 내려놓고 묵묵히 매일 숙제 삼아 꾸준히 염불을 이어갈 뿐입니다. 저의 목표도 『삼국유사』에 나오는 옛 어른스님들처럼 밤새도록 염불 정진하는 것입니다. 그렇게 7일 낮과 밤을 염불한다면 반주삼매에 들어 부처님을 눈앞에서 친견하고 싶습니다.

묵묵히 꾸준히 정진하다 보면 어느 날 업장이 다 떨어져나

가고 밤낮 모르고 염불할 때가 있으리라 생각합니다. 많은 분들이 오해하는 것이지만 염불을 하든 진언을 하든 혹은 좌선을 하든, 수행법이 중요한 것이 아닙니다. 다만 어떠한 수행이든 뭇 중생들에게 공양하는 마음으로 한다면 다겁생의 업장을 쉽게 녹일 수 있습니다. 각자 기질에 따라 뭇 중생들에게 공양 올리는 마음으로 절을 하고, 부처님 경전을 독송하고, 염불한다면, 중생과 부처의 마음은 하나이기에 공덕이 무량합니다.

저 역시 "나무아미타불"을 "정성껏 지어 모든 중생들에게 공양한다." 하는 마음으로 염불하고, 좌선을 할 때도 자비관으로 뭇 중생들을 연민하는 마음을 일으키는 것입니다. 관세음보살이 마음에 와 닿는 분은 관세음보살을 정성껏 지어 공양 올리는 마음으로 염하면 됩니다. 아직은 망상 속에서, 나태속에서 염하고 있지만, 이렇게 꾸준히 하다보면 망상과 나태가 다 떨어질 것이라는 믿음 속에서 부처님 공부를 지어가는 것입니다. 10분, 20분의 정진도 대단한 인연이고 "나무아미타불" 열 번 인연도 대단한 것입니다.

오늘은 하안거 입제일입니다. 결제도 해제도 없이 천 일을 지어가는 수행이지만, 하안거 입제날 아침 다시 한번 의미를 새겨 봅니다.

물 없는 목욕탕

언제인가 산내 암자에서 혼자 정진하며 산 적이 있었습니다. 산내 암자에 있지만, 큰절의 큰 행사나 재에 참석하면서 보시금도 조금 받고 부식도 얻어먹으면 신경 쓸 것이 없는지라 산내 암자는 수행처로 참 좋은 곳입니다.

그해 백중날, 큰절의 합동 천도재에 참석하기로 했는데 새벽녘의 꿈에 벌거벗은 사람들이 목욕탕 안에 많이 있는데 물은 전혀 보이질 않았습니다. 그냥 꿈이구나 생각하고, 재 지낼 시간에 맞추어 큰절에 내려갔습니다. 주지스님 뵙고 인사드리고, 주지스님, 법주스님과 더불어 차를 마셨습니다. 법주스님은 전형적인 나한상을 지녔는데 20대 초반에 출가해서 강원 졸업한 다음 줄곧 기도만 하고 산 스님이었습니다.

그런데 주지스님이 좀 불편해하셨습니다. 백중 천도재를 7

번 지내는데 접수자가 너무 적어 과일 값도 안 나왔다고 합니다. 그러면서 법주스님에게 "스님, 오늘 관욕(영가를 목욕시키는 의식)은 하지 말고 그냥 관음시식만 합시다." 하고 말씀하시더군요. 법당에 들어가 보니 주지스님이 불편해할 만했습니다. 사실 그대로 접수 위패가 맨 밑에 한 줄 정도였는데 대략 20개쯤 되어 보였습니다.

아무튼 합동 천도재를 회향하고 공양한 뒤에 다시 주지스님과 차담을 하는데 법주스님이 한마디 던집니다. "스님, 관욕을 안 하니까 영가들이 목욕을 못해서 난리 아닙니까?" 그 말을 듣고서야 새벽녘의 꿈에 나타난 벌거벗은 사람들과 물 없는 목욕탕이 떠올랐습니다. 저는 꿈에서 미리 현몽한 것이고 법주스님은 재를 지내면서 본 것입니다. 법주스님이 휭 하니 나간 뒤에 주지스님은 혀를 차며 "아, 우리 법주스님은 다 좋은데 뭔 뜬금없는 영가 이야기를 하나." 하십니다.

우리가 보면 보이는 세계도 있고 만지면 만져지는 세계도 있습니다. 하지만 우리 눈에 보이지 않는 세계, 만져지지 않는 세계도 있는 것입니다. 삼매까지 이르지 못하더라도 정진해서 식이 맑아진 분들은 모두 느낄 것입니다. 우리 눈에 보이지 않는 세계가 더 크다는 것을요.

천도재는 돈으로만 계산하는 것이 아닙니다. 수많은 영가들이 찾아오니, 그들을 위해 정성껏 음식을 마련하고 법식을 베풀어야겠다는 마음이면 계산을 하지 않습니다. 천도재는 산 자와 죽은 자의 잔치이며 법회입니다. 전에도 말하였지만 법식에 흡족한 영가들은 나름대로 얻어먹은 값을 합니다. 보이는 세계든 안 보이는 세계든 공짜는 없는 것이 우주의 법칙입니다.

정진

다리를 포개고 허리를 곧추세우고
잠시 앉아 있는 것만으로도
한량없는 공덕이 있습니다.

잠시 정성껏 하는 "나무아미타불" 염불 속에
한량없는 공덕이 있습니다.

그러나 시간 가는 줄 모르고 앉아 있거나
시간 가는 줄 모르고 "나무아미타불" 염불하기에는
다겁생의 업장이
가로막으며 걸려 있습니다.

업을 녹이는 어려운 길을 가기에

참회해야 하며 용서해야 하며

검소해야 하며 겸손해야 하며

부지런해야 하며

인욕해야 합니다.

정직과 소식

　　출가사문이든 재가불자든 수행하는 이가 지켜야 할 덕목이 무엇일까요? 첫 번째가 정직이라고 생각합니다. 우리나라의 가장 큰 문제는 정직하지 않은 것입니다. 정직과 신뢰는 정비례하는 것인데, 사회에서 신뢰가 무너지면 모두가 불행해집니다. 또한 정직하지 않은 조직은 오래 지속되지 못하고 붕괴되고, 정직하지 못한 사람 역시 말년이 불행합니다.

　　정직하게 살아도 삶을 살게 되고, 남을 속이며 살아도 삶을 살게 됩니다. 정직하다고 손해 보는 일은 없습니다. 수많은 음식점 가운데 장사가 잘되는 집의 비결은 식재료를 정직하게 사용하는 것입니다. 잠깐은 속일 수 있어도 오래 속일 수는 없습니다. 출가사문도 소임을 보든 전법을 하든 수행을 하든 정직을 바탕으로 하여야 세월과 신뢰가 함께 가며 결국은 원만 성취할 수 있는 것입니다.

두 번째 덕목이 소식 하는 것입니다. 모든 행위는 마음의 그림자이기 때문에, 음식에 대한 탐심이 많은 사람이 많이 먹습니다. 과식이 피를 혼탁하게 하고 몸에 해롭다는 것은 다 아는 사실이고 소식하면 하루 종일 가벼운 몸과 마음으로 살아갈 수 있습니다. 청화 큰스님께서도 오후불식을 강조하시며 한 주먹 분량의 점심 공양만 드시면서 평생을 사셨습니다.

저도 오후불식을 오래 해왔는데, 이제는 두 끼 먹을 것을 세 끼에 나누어 먹는다는 생각으로 공양을 하고 있습니다. 나물 반찬에 소식을 하면 몸이 편안함을 느끼고, 저녁에 위를 비우면 다음 날 새벽에 몸이 가볍습니다. 좌복에 앉아 호흡을 해보면 간단히 느낄 수 있는 일입니다. 수행자가 과식하는 것은 수행을 포기하는 것이고, 결국 수행이 오래 가지도 못하는 것을 보았습니다. 결국 모든 것은 마음의 장난입니다. 초심 시절 운수납자가 되어 다니다가 어느 절에서 흰밥에 간장만 드시면서 건강하게 사는 노스님을 뵙고, 영양을 따지는 것도 망상이다 생각한 적이 있습니다.

정직과 소식 의 바탕 위에 보리심과 보시의 마음을 심을 수 있습니다. 또한 빠른 성취를 이룰 수 있는 길입니다. 빠른 길을 두고 돌아가는 것이 중생이며 업이라는 것입니다.

이름 없는 수행자

　며칠 전 새벽정진 끝나고 큰방에서 나오면서 문중스님이 입적 하여 영안실에 있다는 소식을 듣고 성륜사 총무스님과 함께 울주군에 있는 병원으로 3시간 동안 차를 달려 갔습니다. 입적할 연세는 아니고 총무스님도 밤중에 받은 전화라 정확한 내용은 모르고 일단 병원에 도착하여 이야기를 들어보아야 자세한 사정을 알 것 같았습니다.

　병원에 먼저 도착한 속가 형제분들을 만나니 형제분들도 아침에 경찰서 가서 담당자를 만나보아야 전후 사정을 안다고 같이 가지고 해서 경찰서에 가 담당자에게 전후 사정을 들었습니다.

　산중에 방치된 축사가 있는데 축사 안에 텐트를 치고 정진 하시다가 입적하셨고, 사망원인은 영양실조로 판단되며, 입적

한 지는 보름 정도 되었다고 합니다. 지나가던 등산객이 "버섯을 키우나." 하며 접근하였다가 텐트를 보고 더 가까이 다가갔다가 승복을 입은 분이 입적하신 것을 보고 경찰에 신고하여 알려지게 된 것입니다. 텐트 안의 소지품에서 승려증이 나오더라도 경찰에서는 속가로 제일 먼저 연락하였고 속가 형제분이 성륜사로 연락하여 알게 된 것이라고 합니다. 담당 형사분 설명으로는 입적한 분의 모습이 참 편안하였다고 합니다.

경찰이 그려준 약도를 가지고 스님이 정진한 곳을 찾아갔습니다. 그런데 내비게이션에도 안 나오는 곳이라 근처까지는 찾아갔지만 시간도 없고 하여 다음 날 찾기로 하고 저는 절로 돌아왔습니다. 대충 맞추어 보면, 산 맨 아래에 큰 비구니 절이 있고 그 위에 산장이 있으며 산장에서 더 올라가 폐사된 축사가 있는데, 올해 하안거를 선원에서 보내고 그리로 가셔서 자비암이라고 이름 짓고 텐트 치고 정진하고 지내신 것입니다.

가끔 산장에 내려와 생수와 라면을 얻어갔다고 합니다. 추정하건대 소지품에서 비구니 절 봉투가 있는 것을 보면 아마 쌀과 김치 정도는 비구니 절에서 탁발하였고 간단한 것은 산장에서 탁발하여 지내신 것 같습니다. 하지만 모든 것이 최소한의 용품이겠지요.

현장 근처만 가보았지만 마음이 짠합니다. 출가자들은 대부분 고향을 등지지요. 서쪽 바닷가가 고향인 분이 동쪽 바닷가 근처에서 어떻게 사셨겠습니까? 이곳에 전기가 있겠습니까? 물이 있겠습니까? 길도 제대로 없는 야전. 요즘은 이렇게까지 안 해도 몸을 데워가며 정진할 수 있는 처소라든지 몸을 유지할 수 있는 공양 정도는 마음만 먹으면 쉽게 얻을 수 있습니다. 하지만 일부러 이런 곳을 찾아 오직 위법망구! 진리를 위해서 몸까지 잊으며 정진하신 것입니다. 그러나 수행자 분상에서는 가장 행복한 입적입니다. 흔한 말로 "공부하다 죽는다."고 하지만 여기에 해당되시는 분이 얼마나 되겠습니까?

형제들의 글썽한 눈물을 보며 좀 무리했다 하는 생각도 있지만 금생의 수행이 퇴비가 되어서 다음 생에는 좀 더 깊은 공부를 할 수 있을 것입니다. 어제(20일) 화장까지 마치고 돌아오는 길, 이렇게 이름 없는 수행자가 별과 달을 벗 삼아 산야에서 고고한 삶을 정리한 것을 하늘만이 알겠지요.

식계|食戒

우리가 무엇을 먹느냐는 수행자가 아닌 보통 사람에게도 중요한 문제입니다. 부처님 당시에는 하루에 한 끼만 드시는 일종식을 하셨습니다. 부처님의 아들인 라훌라가 어린 나이에 출가해서 하루에 한 끼 먹는 고통을 못 이기고 울음을 터뜨리자 아침에는 죽을 먹는 것을 허용했습니다. 그 후로 승가는 전통적으로 아침에는 죽을 먹고, 점심 공양을 한 뒤 오후에는 불식, 즉 먹지 않았습니다.

육식에 대해서도 이런저런 이론이 많지만, 부처님께서는 신도가 올리는 공양은 거절하지 않고 드셨습니다. 다만 공양을 만들기 위해 일부러 산 짐승을 죽이지 말고, 이미 죽은 짐승의 고기는 요리해서 공양 올려도 좋다고 허락하셨습니다.

우리나라 승가의 전통적인 공양법은 아침에는 죽 공양, 점심은 오시가 넘기 전에 공양을 마치고, 저녁은 약석이라 하여 간단히 들도록 했습니다. 또한 채식을 하며, 파, 마늘, 부추, 달래, 홍거 등의 오신채는 사용하지 말도록 했습니다.

육식을 하면 몸에 힘이 생기는 듯하지만, 사실은 몸이 무거워집니다. 짐승이 죽임을 당할 때 지녔던 억울한 마음이 독이 되어 고기에 남아 있는 것이지요. 그런 고기를 사람이 먹으면 그 독이 사람에게 고스란히 전달됩니다. 요즘 말로 하면, 스트레스를 심하게 받고 죽은 동물의 사체를 사람이 먹으면 스트레스로 인한 독성물질이 사람에게도 그대로 영향을 미친다는 이야기입니다. 또한 저녁에 과식을 하면 몸이 다음 날 아침까지 부담감을 느끼게 됩니다.

그러나 먹는 것 역시 마음의 그림자입니다. 군대에 다녀와 본 분들은 알 겁니다. 졸병 때 엄청나게 먹을 것에 집착하면서 먹은 기억이 있을 것입니다. 사람은 스트레스를 과도하게 받으면 먹는 것으로 풀기도 합니다. 마음이 거칠면 음식도 술이나 고기 같은 거친 음식이 먹고 싶어지고 담배나 커피가 맛있게 느껴집니다. 수행을 통해 마음이 정화되면 자연히 먹는 음식도 순하고 부드러운 것을 좋아하게 됩니다. 가능한 한 적게 먹고 가능한 한 채식을 하는 것이 수행에도 도움이 되고 몸과 마음의 건강에도 좋습니다.

해는 서산에 기울고

청화 큰스님께서 중생제도의 원력으로 태안사에 오셨을 적에 당신의 안광은 빛났고 카랑카랑한 사자후에 태안사 골짜기에 사람들이 구름같이 모였으며 많은 이들이 출가했습니다. 당신의 법문이 아직도 귀 언저리에 쟁쟁한데 그 시절은 벌써 30년 전 일이고, 당신께서 마지막 한 줌의 에너지까지 회향하시고 열반에 드신 지 14년이 되었습니다.

태안사 시절에 20대에 출가한 스님은 이제 50줄이 넘었고 30대에 출가한 스님은 60줄이 넘었습니다. 그 골짜기를 빼곡히 메우던 수많은 신도님들은 지금 다 흩어지고, 남은 분들은 노인이 되어 조선당에 참배하고 성륜사 법회에 참석하고 있습니다.

변하지 않는 것이 있습니까? 30년의 세월 속에 원적 한 분도 있고, 세속으로 되돌아간 분도 있고, 애쓰며 정진하고 사는 분들도 있습니다. 제자들이 아무리 애쓴다 하더라도 당신만 하겠습니까?

갈 길은 먼데 해는 서산에 기울고 있습니다.
안 늙는 사람 있습니까?
안 죽는 사람 있습니까?
다음 생이 보장되겠습니까?

이제는 하나하나 놓고 버리며 당신께서 평생 일러준 "나무아미타불"을 도반 삼아 스승 삼아 촌음을 아껴 염과 관을 지어갈 때입니다.

포기로 얻는 진정한 행복

어릴 적의 지독한 가난이 소유를 포기하는 것이 편하고 행복하다는 이치를 깨닫게 한 것 같습니다. 학교 앞의 간식거리는 눈으로만 보고 다녔고, 학창 시절 갖고 싶었던 만년필은 군대 가서 사단 모범용사로 뽑혀 참모총장님께 선물 받았고, 차고 싶었던 손목시계는 서울 올라와 공사판에서 번 돈으로 전당포에서 구입한 기억이 있습니다.

출가 자체가 또한 많은 것을 포기하는 일입니다. 그러나 절에서도 진정한 행복을 위해서는 더 많은 것을 포기해야 합니다. 법상에 올라 입으로는 여몽환포영(꿈과 같고 허깨비와 같고 물거품과 같고 그림자와 같다)이라고 설법하더라도 실제 삶에서는 그 몽환포영에 목숨 거는 일이 다반사인 것이 사실입니다.

사실, 이름을 얻기 위해 그 이름을 지키기 위해, 자리를 얻기 위해 그 자리를 지키기 위해 얼마나 노심초사들 합니까? 이름과 자리에서 얻는 행복은 잠시 잠깐이고, 지키기 위한 갈등과 번뇌 망상에 묻혀서 지내는 것이 현실입니다.

초심 시절 태안사 토굴에서 느꼈던 선열! 진정한 행복은 법희선열에 있다는 확신을 가졌습니다. 사바세계에서 소유로 얻는 행복과 정진을 통해 얻는 행복, 즉 법희선열은 격이 다릅니다. 아주 작은 선열도 여운이 오래가는데 삼매라면 얼마나 공덕이 대단하겠습니까? 삼매의 공덕은 무량한 것입니다. 그 무량한 삼매의 공덕으로 중생들의 업을 녹여줄 수 있는 것입니다.

정진을 위해서는 유루적인 모든 것을 포기해야 선열을 얻을 수 있고, 더 나아가 삼매를 얻을 수 있습니다. "포기한다."라는 말보다는 "있는 그대로 본다."는 표현이 더 정확할 수 있습니다. 바람 불면 부는 대로 비 오면 비 오는 대로, 시비나 가감 없이 있는 그대로 보는 것입니다. 어설프게 무엇을 한다고 마음 쓸 것이 아니라 그럴 시간에 "나무아미타불" 한 번이라도 정성껏 염하는 것이 더 낫다는 마음으로 하루를 생활하는 것입니다. 행복은 정성스런 한 번의 염불 속에 모두 들어 있습니다.

모든 것이 다 들어 있습니다

염불수행에 특별한 것은 없습니다.
매일 세 끼 공양하듯이
매일 염불하는 것입니다.
매일 꾸준히 염불하는 것입니다.

모든 것은 "나무아미타불" 속에 다 들어 있습니다.
모든 것은 "나무아미타불" 속에 다 들어 있다는 말은
쉽기도 하고 어렵기도 합니다.

아미타불과 함께 마음을 찾는 여행을 하는 것입니다.
스스로 염불하며 묻고 답하다 보면
해답은 염불 속에 있습니다.

10년을 하루같이 염불한다면
"염불 수행합니다." 말할 수 있습니다.
20년을 하루같이 염불한다면
부처님의 가피를 느낄 수가 있습니다.
30년을 하루같이 염불한다면
모든 번뇌를 쉬고 업장이 소멸하며

이 몸 떠날 적에 가벼운 마음으로
서방정토에 갈 수 있습니다.
서방정토는 업장이 말끔히 제거되어야
갈 수 있는 곳입니다.

동안거 정진

2시 50분 알람 소리. 혹 실수할까 싶어 2분 뒤에 다시 울리도록 알람을 맞추어 놓았습니다. 일어나 화장실 들렀다가 다각실에서 뜨거운 물에 찬물을 넣어 따뜻하게 한 잔 마시고 나와 큰방으로 향합니다. 일어나 바로 마시는 따뜻한 물은 일명 음양탕陰陽湯이라고 하는데, 위를 건강하게 하는 비결로 『동의보감』에도 나오는 처방으로 몇 년 전부터 일어나면 꼭 마시고 있습니다.

큰방에 도착하면 대중들은 이미 다 자리에 앉아 있습니다. 한자리에 모여 한 철 90일을 정진하는 이 인연은 참 대단하고 귀한 인연입니다. 가사를 수하고 앉으니 3시 15분, 청중거사님 죽비에 부처님 전 삼배 드리고 대중이 서로 반배 하고 바로 앉습니다.

딱! 딱! 딱! 입선 죽비에 각자 다리를 포개고 허리를 곧추세우고 입정을 시작합니다. 늘 하던 대로 첫 번째 날숨과 들숨을 쉬면서 "도량 내에 있는 일체중생의 고통을 제가 거두어 주겠습니다." 서원을 세우며 관상 합니다.

두 번째 날숨과 들숨에 "일체중생의 고통을 제가 다 거두어 주겠습니다." 낱낱이 관상하면서 "길거나 짧거나 아니면 중간 치거나, 미세한 것이나 거대한 것이나, 눈에 보이거나 눈에 안 보이거나, 멀리 살거나 가까이 살거나, 태어났거나 태어나려 하거나 일체중생의 고통을 제가 다 거두어 주겠습니다." 서원합니다.

일체중생의 고통을 관상으로 이불로 덮어도 주고 마음으로 안아도 주고 광명으로 비추어 주며 그렇게 마음을 지어갑니다. 4시, 중간 죽비 딱! 그리고 10분 포행. 멀리 큰 법당에서 도량석 내리는 목탁 소리가 새벽의 고요함을 깨우고 요사채의 부산히 움직이는 소리가 정겹게 들립니다.

다시 입선 죽비 딱! 성륜사 도량에 정진 열기가 가득합니다. 법당의 종소리, 마당의 대종 소리, 큰방의 입선. 5시, 딱! 딱! 딱! 새벽정진을 끝내는 방선 죽비가 울립니다. 다시 방으로 돌아와 108배 염주를 챙겨 큰 법당에 올라가는 길에 지장전 기도스님의 청아한 "지장보살" 염불 소리를 들으며 잠시 지장보살의 원력을 생각합니다.

큰 법당에는 기도스님의 천수경 독경과 새벽기도 동참자들이 보이고, 법당보살님이 내가 108배하는 자리에 좌복도 정갈하게 펴 놓았습니다. 기도스님의 염불 소리를 속으로 따라하면서 천천히 그리고 정성을 다해 부처님 전에 108배를 올립니다.

염불과 좌선과 절 수행은 서로 부족한 부분을 메꿔주기에 함께하면 건강하게 오래도록 정진할 수 있습니다. 좌선으로 뭉친 다리를 108배로 풀어주며, 정진하면서 올라오는 아상을 녹이고, 염불로 깊은 의식을 흔들어 침전된 업장을 드러내고 좌선으로 살펴보니, 결국은 이 모두가 하나입니다.

저의 화두는 일체중생과 정성입니다.

"나무아미타불"을 하든 절을 하든 좌선을 하든 일체중생을 향한 정성스런 마음입니다. 일체중생을 향한 마음이 굴절되어 돌아오는 것을 살펴보면 내 살림살이를 알 수 있습니다. 그러나 일체중생을 위한 정성이 마음에 사무치고 몸에 배어 증명하기까지는 다겁생이 걸리는 일입니다.

사실 깨달음이 말처럼 그리 쉬운 일이라면 깨달은 성자가 하늘의 별처럼 많을 것입니다. 도덕성(계행)이 받쳐주지 않는 수행은 사기이며 몸으로 증명되지 않는 깨달음 역시 사기일 뿐입니다. 다만 업장과 망상덩어리 마음과 몸뚱이 가지고 쉼 없이 지어갈 뿐입니다. 이와 같은 나만의 수행은 전생부터 이 어진 수행이라고 생각하며 다음 생에도 이어지리라고 생각합 니다.

108배를 끝내고 법당에서 내려오는 길, 차가운 바람이 오히 려 시원하고 마음이 가볍습니다.

아! 어느덧 동안거도 정진 시간이 얼마 남지 않았습니다.

한량없는 공덕

"나무아미타불" 칭념은
아미타불의 무량공덕을 찬탄하는 것입니다.
"나무아미타불" 한 번 칭념에도
한량없는 공덕이 있습니다.

"나무아미타불" 한 번 칭념은
한 방울의 한량없는 공덕입니다.
한 방울의 물이 모여서 작은 내가 되며
강이 되고 바다를 이루듯이
한량없는 공덕 또한 그러합니다.

아미타불은 무량공덕을 갖춘 참 나의 이름입니다.

"나무아미타불" 칭념은 본래의 참 나를 일깨웁니다.
참 나 속에는 무량공덕이 갖추어져 있습니다.

"나무아미타불" 칭념 공덕이 깊어질수록
거짓 나, 탐욕과 진심과 망상이 떨어져나가고
본래의 참나, 거짓 없는 순수한 나가 드러납니다.

아미타불재하방   阿彌陀佛在何方
착득심두절막망   着得心頭切莫茫
염도념궁무념처   念到念窮無念處
육문상방자금광   六門常放紫金光

아미타 부처님 계신 곳이 어디인가.
마음 마음 간절히 잊지 아니하고
생각 생각이 다하는 곳에
항상 자금색 광명을 놓고 계시네.

삶과 죽음

애월 고내봉 토굴 시절, 공동묘지를 산책하면서 묘비 하나가 눈에 들어왔습니다. 그 내용을 보면, 어떤 어른이 1948년 4·3항쟁 직전에 입도(제주에 들어왔다는 뜻의 제주식 표현)했다고 합니다. 그분은 4·3항쟁 때 두 아들을 잃고 1950년에 돌아가셨다고 기록되어 있었습니다.

가장 험한 시절에 무슨 인연으로 제주도에 들어와서 멀쩡한 아들을 둘이나 난리에 잃어버렸으니 얼마나 가슴이 아팠겠습니까? 부모가 죽으면 청산에 묻고 자식이 죽으면 가슴에 묻는다고 했는데 그분이 얼마나 원통했겠습니까? 1950년이면 제주에 광풍이 채 가시기 전이라 아마도 울화병으로 떠나시지 않았을까 생각하니 제 마음도 찡하니 슬펐습니다.

제주 4·3항쟁이란 1947년 3월 1일 제주읍 관덕정 마당에서

3·1절 28돌 기념집회에 참석한 시위 군중을 향해 경찰이 총을 쏘아 6명이 희생되었던 것으로 시작했습니다. 그 후 무리한 진압과 항거가 반복되면서 1948년 4월 3일 제주 전역에서 무장 봉기가 일어났습니다. 무모한 토벌작전으로 많은 양민이 죽거나 다치면서 1950년 예비검속을 거쳐 공식적으로 종료된 것이 1954년 9월입니다. 무려 7년이 넘는 기간 동안 벌어졌던 일이었습니다. 당시 30만 명에 달하던 제주도의 인구 가운데 희생된 사람의 수가 3만 명이다, 5만 명이다 혹은 7만 명이라고 하는 설도 있습니다. 소수의 좌우 이념대립에 다수의 민초가 희생된 것입니다. 그 시절은 젊은이들이 목숨 부지하기가 힘든 시절이었다고 합니다. 어떤 마을은 남자가 단 한 명 남고 다 죽었다고 하고, 어떤 사람은 머리는 봉두난발을 하고 신도 제대로 신지 못하고 오물을 주워 먹으며 미치광이 흉내를 내다가 밤중에 일본으로 밀항해서 목숨을 건졌다고 합니다. 그 시절 힘없는 민초가 겪은 고통을 누가 알겠습니까? 역사는 현장에 있던 사람이 바로 쓸 수 있는 것입니다.

저는 천도재를 모실 적에 4·3항쟁에서 희생된 영가를 꼭 망축하고 있습니다. 우리가 지은 공업으로 이루어진 비극입니다. 내일모레가 4월 3일입니다. 돌이켜보면 태어남도 일대사 인연이고 돌아감도 일대사 인연입니다.

아미타불의 마음

지혜를 일으키는 가장 이상적 자세,
위산이 안정적으로 분비되어 소화가 잘 되는 자세,
가장 오래 유지할 수 있는 자세가
다리를 포개고 허리를 곧추세우는 자세이며
다리를 포개고 허리를 곧추세우는 것만으로도
행복함을 느낄 수 있습니다.

다리를 포개고 허리를 곧추세우고
천천히 날숨과 들숨을 합니다.
첫 숨은 날숨을 먼저 쉬고 다음으로 들숨을 쉽니다.
날숨을 먼저 쉬었을 적에
마음의 평화로움을 느낄 수 있습니다.

그리고 관상 합니다.

일체중생의 모든 고통을 다 거두어 주겠습니다.

약한 것이나 강한 것이나, 길거나 짧거나 중간치거나

미세한 것이나 거대한 것이나, 눈에 보이거나 안보이거나

멀리 있거나 가까이 있거나, 태어났거나 태어나려 하거나

천천히 들숨을 쉬며,

일체중생의 고통을 제가 다 거두어 주겠습니다.

천천히 날숨을 쉬며,

온 우주에 생명의 빛, 한량없는 빛,

연민하는 마음을 방사합니다.

다시 한 번 들숨을 쉬며

마음을 활짝 열고 관상합니다.

일체중생의 고통을 제가 다 거두어 주겠습니다.

다시 한 번 더 들숨과 날숨을 쉬며

마음을 열고 관상합니다.

무량수불無量壽佛 무량광불無量光佛

아! 이 마음이 아미타불의 마음입니다.

잠시 좌선하는 동안 아미타 부처님이 현현하였습니다.

행선 行禪

오늘은 하나로마트에 장을 보러 갑니다. 무주선원을 출발해서 차를 운전해서 마트로 가면서 전방을 주시하며 마음의 빛을 가는 길에 방사합니다. 붉은 신호에 차를 멈춥니다. 신호등 있는 사거리의 넓은 아스팔트에 마음속으로 손을 깊숙이 넣어 뒤집으면서 마음의 빛을 뿌립니다.

어느덧 하나로마트 주차장에 도착합니다. 차에서 내리며, 들어가고 나오는 차들과 분주히 움직이는 많은 사람들을 관하면서 염송합니다.

"내외생멸상 인 무수중생 의 무상제행 을 심수만경전 인달하야 미타 의 일대행상 으로 사유관찰 할지니라."

마트 안에서 사람들을 만나면 마음으로 축원합니다.

"건강하고 행복하시길."

생필품을 구입하고 다시 돌아오는 길은 가는 길의 역순입니다.

성륜사^{聖輪寺} 조선당^{祖禪堂}

　이번 동안거를 옥과의 성륜사에서 큰방과 법당을 오가며 청화 큰스님의 법향을 느끼며 잘 보내고 있습니다. 아시는 분은 아시겠지만 성륜사는 남종화의 거장인 아산 조방원 선생님이 10만 평의 땅을 시주하여 1988년부터 불사가 시작되었습니다. 아산 선생님과 큰스님은 고향이 같은 전남 무안이었고, 연배도 비슷하셨습니다. 아산 선생님은 그곳에서 처음에는 제자들과 함께 그림을 그리며 살 계획이었는데, 수행도량으로 쓰이는 것이 더 가치 있는 일이라 생각하여 큰스님께 시주하였다고 하니, 아산 선생님도 참 대단한 분입니다.

　청화 큰스님께서 성륜사 조선당에 계시던 시절에는 전설 같은 이야기가 많았습니다. 그 소문이 꼬리에 꼬리를 물어 많은 신도들이 스님을 친견하기 위해 조선당을 오르내렸지요.

송광사가 본사인 후배스님에게 들은 이야기입니다. 그 스님이 출가 전에 큰스님을 뵈러 조선당에 올라왔습니다. 큰스님을 친견하고 출가해도 좋은지 여쭤 보고, 만약 출가하라고 하시면 송광사로 출가해야지 하는 생각을 품고 온 것입니다. 그때 큰스님께서 마당에 서 계시다가 시자스님에게 "저 처사님을 방으로 모시게." 하고 말씀하셔서 곧바로 친견할 수 있었습니다. 큰스님께 삼배를 올리고 "제가 출가하고 싶은데 출가해도 좋겠습니까?" 하고 여쭈니, 큰스님께서 "저는 출가를 권합니다." 하시면서 이어 "송광사도 참 좋은 절입니다." 하고 말씀하셨습니다. 그래서 깜짝 놀라 바로 나와 송광사로 갔다고 합니다.

그 시절에는 젊은 처사분이 조선당에 올라온다고 그냥 쉽게 큰스님을 친견할 수 있는 것이 아니었습니다. 하지만 큰스님께서 정진하시다가 젊은이가 출가의 뜻을 품고 도량에 올라오는 것을 아시고 자비심을 일으켜 다리를 풀고 몸소 마당에서 기다리셨던 것입니다. 그러다가 시자스님에게 바로 당신 방으로 안내하게 하여 한마디 덕담으로 의심 없는 출가를 도와준 것입니다.

또 어떤 보살님은 신도님들이 극성스럽게 큰스님 친견을 고집하는 것이 보기 싫어 멀리서만 큰스님을 뵙고 법문도 맨

뒤에서만 들으며 성륜사를 다녔다고 합니다. 그러던 중에 큰
스님께서 미국에 가신다는 소식을 듣고 떠나시기 전에 법명
을 받고 싶어 편지를 보냈다고 합니다. 큰스님께서 곧바로 속
달로 보내준 답장 속에 자신이 받고 싶었던 법명이 적혀 있는
것을 보고는 기절할 뻔했다는 이야기도 들었습니다.

　사실 저도 이런 경험은 몇 차례 했습니다. 당신께서 주석하
시던 성륜사 조선당에 놀라운 이야기가 얼마나 많겠습니까.
많은 분들에게 인연 지어주고 사바세계를 떠나신 지 15년. 이
제 조선당은 큰스님의 법향을 그리워하는 이들이 가끔 참배
하는 한적한 요사채가 되었습니다. 수많은 방문객을 모두 지
켜보았던 마당의 석등만 사연을 아는지 모르는지 무심히 서
있습니다. 아, 말세에 청화 큰스님 같은 분이 다시 나타나시겠
습니까?

정성

부처님 공부하여 박사가 되려면

팔만대장경을 열람하고 분석해야 하지만

마음 닦아 공부한다면

정성淨性! 두 글자면 평생 공부해도 부족함이 없습니다.

염불을 하든 주력을 하든 간경을 하든 좌선을 하든

정성스럽게 이어나가는 것입니다.

정성淨性 속에는 보리심, 진실, 정직, 하심, 겸손

검소, 자비심, 배려하는 마음이 모두 들어 있으며

복혜쌍수福慧雙修, 복과 지혜를 함께 닦을 수 있습니다.

부처님을 향한 정성스런 "나무아미타불" 염불이 깊어지면 마음으로 중생에게 정성이 미치는 것입니다.

짐승을 길러보신 분들은 알 것입니다.

정성을 먹고 자라는 것은 식물도 마찬가지입니다.

정성은 생명이 있는 모든 존재, 일체중생에게

감응感應을 주는 것입니다.

정성이 배어나게 염불해야 합니다.

정성스런 염불이 깊어지면

김을 맬 적에도 운전할 적에도

음식 장만할 적에도 사람을 대할 적에도

행주좌와에서 우러납니다.

깨달음은 생각이나 입에 있는 것이 아니라

몸(業: 행위)에 있는 것입니다.

생각과 입으로 깨닫기는 쉬워도

몸으로 깨닫기에는 오랜 세월이 필요한 것입니다.

올챙이

어떤 수행자가 산중에서 정진하다가 깊은 깨달음을 얻어 스승을 찾아갔습니다. 그 수행자가 이제 자신은 깨달음을 얻었으니 중생을 제도하러 저잣거리로 나가겠다고 말했습니다. 그러자 스승은 그의 복이 아직 부족하니, 복을 먼저 짓고 그 다음에 중생 제도를 하라고 하셨습니다.

수행자는 깨달음을 얻었으면 되었지 복이 무슨 필요가 있나 생각했습니다. 그래서 그는 그대로 저자로 나가 중생을 제도하려고 했지만 그의 말을 듣는 사람도 알아주는 사람도 없어 고생만 할 뿐이었습니다. 몇 년 이렇게 고생을 하고 난 뒤에야 스승의 충고가 생각났습니다. 그는 자신이 입고 있던 옷을 팔아 곡식을 사서 참새들에게 뿌려주고는 다시 산으로 돌아갔습니다. 그리고 나서 20년이 지나 예전에 곡식을 주워 먹었던 참새들이 사람 몸을 받아 스님을 찾아왔습니다. 그제야 스님은 중생 구제의 뜻을 이룰 수 있었다고 합니다.

제주에 인연 맺은 지 10여 년이 넘었는데 3천일기도를 해도 법당에서 늘 혼자 합니다. 천일기도 동참은 법당 앞 연못의 금붕어들이었고 이번 백일기도 동참은 올봄에 나타난 올챙이들입니다.

무주선원 풀 한 포기도 주인장의 인연으로 존재하는 것인데 함께하는 염불이야 오죽하겠습니까? 전생에 깊은 산중에서 혼자 정진하고 살아서 대중 인연이 없구나 하는 생각이 듭니다. 문득 올챙이를 바라보니, 한 철 살다 흩어질 이 아이들이 사람 몸 받아 언제 무주선원에 찾아올까 기다려집니다.

사바세계는 입 뗄 것이 없습니다

하늘의 별만큼이나 많은 중생들의 업이 있고
그 각각 업에 역할이 있고 할 일이 있기에
사바세계는 입 뗄 것이 없습니다.

성자의 안목으로 보았을 적에
미타^{彌陀}의 일대행상^{一大行相}이며,
삼백십육만억 일십일만 구천오백 동명동호
대자대비 아등도사 금색여래
아미타불입니다.

중생의 안목으로 보았을 적에
더럽고 깨끗하고 많고 적고

잘하고 못하고가 있는 것입니다

인 과 과 에 의하여 펼쳐지는 사바세계
스스로가 짓고 스스로가 받는 것입니다.

부처님 공부는
망상을 털어 절대긍정의 세계를 증명하는 것이며
망상은 누가 대신하여 털어주는 것이 아니며
가르쳐준다고 아는 것도 아닙니다.

다만 지혜 있는 자는
묵묵히 부처님 공부 지어갈 뿐입니다.

육십갑자

저에게는 의미 있는 을미년(2015)이 저물어 가고 있습니다. 흔히 말하는 환갑날 평소와 다름없이 사시기도 마치고 특식으로 떡국라면 끓여서 공양했습니다. 가끔 찾아오신 분들과 외식도 하지만 가장 좋아하는 공양은 된장 풀어 끓여 먹는 라면! 눈물이 많이 배어 있는 라면입니다.

제 손으로 공양을 해결하며 새벽에 일어나 일체중생을 위한 자비관으로 시작하는 하루 일과. 기도와 정진 그리고 울력, 이 모든 것에 만족합니다. 영혼이 맑은 사람만이 누릴 수 있는 행복입니다. 보통 장판 때가 묻으면 정진과는 멀어지기 마련인데, 정진에 애정을 가지고 일과를 보내는 나 자신이 고맙고 이러한 인연에 감사합니다.

지난 삶을 돌이켜보면, 우리가 자신의 업장을 녹이기 위해 정진 수행한다고 하지만 흔히 만나는 삶의 현장에서는 주어진 업대로 사는 것이 현실입니다. 이런 현실을 통찰한다면 많은 시비를 놓을 수가 있습니다. 흔히 대상이 내 의지대로 살아주기를 바라는 데서 시비와 갈등이 생기는 것입니다.

산철에 빈둥거리는 후배스님에게 "스님, 산철에 기도 좀 하고 결제 들어가면 좋습니다." 하고 말했다가 망신만 당한 적이 있습니다. 그 이후로는 모든 이들이 자신의 업대로 사는 것을 바라볼 뿐입니다. 상대의 업을 녹여주려면 아라한과를 얻은 성자나 가능한 것이기에, 그렇지 않는 저는 "나 자신이나 반조하며 중답게 살면 된다." 하고 정리하였습니다.

나 자신의 육십갑자를 돌아보면 삶의 패턴은 변함이 없었습니다. 그 옛날 서울 올라와서부터 내 손으로 반찬 없는 공양을 해결해온 것도 변함없고, 홀로 지내는 삶 또한 변함이 없습니다. 그러나 이것도 나 자신이 선택한 길입니다. 대중처소에서 묻혀서 살면 되는 것인데 이것도 업인지 홀로 척박한 땅에서 맞바람 맞으며 기꺼이 살고 있습니다. 이것이 제게 주어진 운명, 팔자라고 생각합니다.

제주에 더불어 수행한다고 어렵게 도량 하나 세웠지만 반응은 홀로 정진하는 토굴이나 별반 차이는 없습니다. 수행법회 하나 제대로 운영 못하는 것이 아쉽지만 제주에서만 3천일기도면 할 만큼은 한 것이고 눈앞에 펼쳐지는 현상은 나의 인연이고 복이라 생각합니다. 사실 대중과 신도님들께 시간 빼앗기고 사는 것보다 홀로 정진하며 지내는 것이 청복 입니다. 마당의 풀 한 포기라도 내가 뽑아야 하는 어려움도 있지만 인간관계에 고민 없고 마음 밖에 헐떡거리는 것 없으니 마음은 편합니다.

말년에 보여 주는 모습이 나의 전생이며 또한 다음 생입니다. 처사 시절 아련히 생각하기에, 나중에 산중에 들어가 농사지으며 공부하고 살고 싶어 한 것이 전생부터 해오던 습관일 것입니다. 그래서 금생에도 이렇게 사는 것이겠지요. 다만 남은 원력은 염불삼매! 염불삼매뿐입니다.

미타행자의
염불수행 이야기

초판 1쇄 발행   2018년 1월 30일
초판 3쇄 발행   2024년 8월 20일

지은이   본연
펴낸이   오세룡

기획·편집   여수령 정연주 박성화 손미숙 윤예지
취재·기획   곽은영 최윤정
디자인   나라연 (lotusosy@naver.com)
             고혜정 김효선 최지혜
홍보·마케팅   정성진
펴낸곳   담앤북스
             서울 종로구 새문안로 3길 23 (내수동) 경희궁의 아침 4단지 805호
             전화 02)765-1250(편집부) 02)765-1251(영업부)
             전송 02)764-1251
             전자우편 dhamenbooks@naver.com
             출판등록 제300-2011-115호

ISBN   979-11-6201-068-6   03220

이 도서의 국립중앙도서관 출판예정도서목록(CIP)은 서지정보유통지원시스템 홈페이지(http://seoji.
nl.go.kr)와 국가자료공동목록시스템(http://www.nl.go.kr/kolisnet)에서 이용하실 수 있습니다. (CIP
제어번호 : CIP2018002105)

잘못된 책은 구입하신 서점에서 바꾸어 드립니다.

정가 15,000원